모세오경 이야기1

- 창세기 · 출애굽기 직역 큐티

모세오경 이야기1

1판 인쇄일 2022년 10월 5일
1쇄 발행일 2022년 10월 13일

지은이 _ 김상수
펴낸이 _ 한치호
펴낸곳 _ 종려가지
등록 _ 제311-2014-000013호(2014. 3. 20)
주소 _ 서울특별시 은평구 은평로 14길, 9-5
전화 02. 359. 9657
디자인 _ 표지 이순옥 / 본문 구본일
제작대행 세줄기획(이명수) 전화 02. 2265. 3749
영업(총판) 일오삼
전화 02. 964. 6993, 팩스 02. 2208. 0153

값 17,000 원

ISBN 979-11-90968-48-5

잘못 만들어진 책은 구입하신 서점에서 바꾸어 드립니다.
책의 주문 및 영업에 대한 문의는 영업대행으로 해주십시오.
문서사역에 대한 질문은 010. 3738. 5307로 해주십시오.

* 저자 연락처 010-4586-9892

모세오경 이야기1

– 창세기 · 출애굽기 직역 큐티

김상수 목사 지음

문서사역
|종|려|가|지|

추천사 1

나는 오늘날에도 종교개혁이 일어날 수 있는지 자주 질문을 받는다. 그런 질문을 받을 때마다 일어날 수 없다고 한 마디로 딱 잘라 말한다.

다각적인 이유가 많이 있겠지만 그 가운데 하나는 문서와 관련된 것이다. 그 시대는 인쇄술이 우리보다 훨씬 못 미치는 상황이었음에도 불구하고, 유럽 각지에서 개혁의 기치를 따르는 인물들이 자국어로 다양한 성경을 번역하여 출판하는 데 앞을 다투었다. 게다가 성경 번역과 함께 신교 목회자들이 혼신의 힘을 다해서 성경을 풀어내는 글을 써서 출판하였다.

이와 달리, 오늘날 교회는 성경을 새롭게 번역하는 데 힘쓰지 않을 뿐 더러 목회자들은 성경을 해설하는 글을 내는 데 힘쓰지 않는다. 이런 실정에서 무슨 종교개혁이 일어나겠는가?

금 번에, 성경 원문을 직역하면서 풀이한 김상수 목사님의 해설서가 세상에 빛을 보았다. 목사님은 신학교 시절부터 지금까지 40년 세월을 원문과 씨름하면서 성경을 연구하였다.

그는 성경 원문이 골수까지 배여 있는 분으로 우리말 어법을 따르는 매끄러운 번역보다 원문의 느낌을 되도록 그대로 살리는 번역에 충실하다. 때때로 이런 번역이 쉽게 읽히지는 않을지 모르겠으나 성경의 진의를 파악하는 데는 훨씬 유익하다는 사실을 놓치면 안 된다. 단번에 이해되지 않기에 곱씹어 볼만하지 않은가.

또한 목사님의 해설은 본문을 우리의 현실에 적용하고 있다는 점에서 큰 공헌을 한다. 그는 단어와 문장을 세세하게 따지는 것보다 전체 문맥의 의미를 우리의 처지에서 드러내는 데 주력한다. 이렇게 하여 성경은 옛날의 문서가 아니라 오늘의 설교로 변한다.

한 마디로 말해서 그의 해설을 읽으면 믿음으로 살도록 고무하는 뜨거운 감동을 느끼게 된다. 이런 의미에서 김상수 목사님의 성경 원문 직역 해설은 종교개혁을 우리 시대로 연장시키는 놀라운 도구임에 틀림없다.

조 병 수

합동신학대학원대학교 총장 역임 / 명예교수
프랑스 위그노 연구소 대표

추천사 2

사랑하고 존경하는 김상수 목사님께서 매일 아침마다 변함없이 카톡으로 하나님의 귀한 말씀을 배달해 주고 있습니다.

이 말씀을 읽으면서 하루 일과를 시작 하면 영적으로 든든하고 너무 소중한 하루가 되고 있습니다.

이 말씀의 특징은 원문주해 뿐 아니라 본문을 깊이 연구해서 하나님의 뜻을 잘 드러내고 적용까지 아주 쉽게 해줘서 누구나 쉽게 접할 수 있습니다.

따라서 말씀을 연구하는 목회자들에게나 신학생들, 해외 선교사들과 모든 성도들에게 큰 도움이 될 것으로 여겨져 적극 추천 하고 싶습니다.

감사합니다.

이 주 형

목사 / 오정성화교회 / 합신 증경 총회장

추천사 3

저는 오늘날 조국교회의 가장 시급한 과제는 교회의 강단개혁이라고 믿는다. 강단개혁은 자신의 심령을 날마다 개혁함을 의미한다.

이미 신학을 공부한 목사, 선교사는 계속 자기 자신을 업그레이드 해야 한다. 갓 구워낸 빵과 시원한 생수를 날마다 목사와 선교사는 먹고 마셔야 한다. 이것은 그냥 구호로 되는 것이 아니다. 그야말로 주입(eisegesis)이 아니라, 원액의 말씀을 주해(exegesis)해야 한다.

전세계 선교사들의 카톡방, SNS에는 하루에도 수많은 말씀묵상, 성경해석, 개인묵상의 글들이 쏟아져 나온다. 솔직히 필자는 그런 글에는 눈길도 주지 않는다. 함량미달의 글들에 너무 많아 식상했다.

그런데 김상수(주명교회) 목사의 글은 참으로 신선하였다. 순수한 원액의 말씀이다.

그는 신학교를 졸업한 후에도 지난 30여 년간 오로지 원어연구에 올인하였다. 그의 묵상의 글을 여러 사람과 나누게 된 것도 " 한 영혼"을 먹이기 위함에서 비롯되었다.

12년 전, 김 목사가 섬기는 교회의 청년 중 한 청년은 직장이 늦게 끝나게 되어 성경공부 모임에 참여하지 못하였다. 그 한 청년을 개인 양육하기 위해 묵상 글을 쓰게 된 것이다. 이 얼마나 아름다운 선한 목자의 마음 인가?

세 가지 면에서 나는 김상수 목사의 성경원문 직역 카톡 묵상집을 적극 추천하고 싶다.

첫째는, 그의 성경원문 직역을 읽으며 하나님의 본심을 느끼게 한다. 때로는 투박스러운 번역 같지만 그 안에 "생명의 빛" 이 보이며 들리는 것 같아 너무나 좋다.

둘째는, 성경 1장을 전체 문맥을 꿰뚫으면서 하나님의 뜻을 밝히 드러내는 묵상이 돋보인다. 성경읽기의 가장 중요한 원칙은 "영적으로/성경 그 자체를 읽는 것"이다. 곧 성령님의 영감을 받아 읽어야 한다는 뜻이다. 성경은 "오직 성령께서 가르치신 것으로 하니 영적인 것은 영적인 것으로 분별"(고전 2:13)하기 때문이다.

마지막으로, 김목사의 간결한 글쓰기가 너무 시원시원하여 좋다. 시각적으로 읽히는 글이다. 그리고 묵상한 말씀으로 하나님께 올려 드리는 마무리 기도 또한 압권이다.

배 안 호

선교사 / GMS, 파라과이

서문

하나님의 부르심 가운데 40년 전, 수원의 합동신학원에서 개혁신학을 접하게 하셨습니다. 30년의 연단 후에, 하나님의 섭리 가운데 직장의 늦은 퇴근으로 성경공부 그룹에 들어오지 못하는, 섬기는 교회의 청년을 양육하기 위해 카톡으로 성경직역 원문강해가 시작되었습니다.

12년 동안 하루도 거를 수가 없었습니다. 하나님께서 강권하시는 역사 가운데 말씀으로 저를 사로잡아주셨기 때문입니다.

주명교회 성도들과 예수 그리스도 안에서 함께 지어져 가는 수많은 지체들에게 성경 66권의 진리를 드러낼 수 있도록 은혜를 주신 삼위일체 하나님께 영광을 돌립니다.

연약한 저를 위해 기도하시는 수많은 지체들에게 감사드립니다. 하나님의 은혜와 말씀을 사랑하고 사모하는 지체들의 뜨거운 요청에 힘입어 카톡큐티로 쓴 성경직역 원문 강해서를 출판하게 되었습니다. 역사적인 전통적 교회의 입장인 성경론과 신론, 인죄론 기독론 구원론과 교회론을 터로 삼았습니다.

역사적으로 검증되고 공적으로 선포된 초대 교부들의 표준문서와 16세기, 17세기에 걸친 종교개혁자들의 표준문서를 울타리로 삼았습니다.

- 원문에 근거한 문법적 해석을 했습니다.
- 성경에 나타난 각 시대의 역사적 상황과 교회사를 고려 했습니다.

- 성령님의 조명으로 현 시대에 알맞게 적용하려고 했습니다.
- 성경 66권에서 말씀 하시는 바른 교리, 바른 예배와 바른 교회법을 드러내기 위해 힘썼습니다.

성경 66권에서 가르치시는 인생의 본분인 하나님을 영화롭게 하고 하나님을 기뻐하고 즐거워 하며 하나님을 경외하고 하나님 말씀에 순종하며 삼위 일체 하나님과 예수 그리스도와의 거룩한 다스림에 날마다 참여되며 삼위일체 하나님과 예수 그리스도를 날마다 알아가고 닮아가는 우리들이 되기를 소원하는 마음으로 썼습니다.

하나님의 창조와 재창조의 사역과 성자 하나님의 구속사역과 성령하나님의 성화와 은총 가운데서 잃어버린 양들을 찾고 잃어버린 양들을 하나님께서 받으시는 산제물이 되게 하시는 거룩한 사역에 참여되는 우리 모두가 되기 위하여 썼습니다.

지체들의 성원에 힘입어 '모세오경 이야기 1'을 내어 놓게 되었습니다. 헌신하신 주명교회 성도님들과 사랑하는 아내와 아들과 종려가지 출판사 대표이신 한치호 목사님과 평창의 백기호 목사님께 깊은 감사를 드립니다.

예수 그리스도 안에서 더불어 함께 지어져 가는 모든 공시적 보편된 교회와 그 지체들에게 카톡 큐티로 쓴 성경직역 원문강해서를 바칩니다.

오직 하나님께 영광 돌립니다.

2022년 9월

김 상 수

목사 / 대한예수교장로회 주명교회

차례

출애굽기

창세기

창세기 1장 1절

"태초에 하나님이 천지를 창조하시니라"(개역한글판)

"처음에 하나님께서 그 하늘과 그 땅을 창조하셨다"
(원문 직역)

아무것도 없는 상태에서 천지를 창조하신 하나님은?

첫째, 성령님으로 다스리시는 분입니다.

"땅이 혼돈하고 공허하며 흑암이 깊음 위에 있고 하나님의 신은 수면에 운행하시니라"(창 1:2)

둘째, 말씀으로 창조하신 분입니다.

"하나님이 가라사대 빛이 있으라 하시매 빛이 있었고"(창 1:3)

"태초에 말씀이 계시니라 이 말씀이 하나님과 함께 계셨으니 이 말씀은 곧 하나님이시니라 그가 태초에 하나님과 함께 계셨고 만물이 그로 말미암아 지은 바 되었으니 지은 것이 하나도 그가 없이는 된 것이 없느니라"(요 1:1~3)

셋째, 피조물을 보시고 기뻐하신 분입니다.(창 1:4, 10, 12, 18, 25, 31)

"하나님이 그 지으신 모든 것을 보시니 보시기에 심히 좋았더라"(창 1:31상)

넷째. 구별하시는 분입니다.(창 1:4, 6, 18)

"하나님이 가라사대 물 가운데 궁창이 있어 물과 물로 나뉘게 하리라 하시고"(창 1:6)

다섯째, 열매 맺게 하시는 분입니다.

"하나님이 가라사대 땅은 풀과 씨 맺는 채소와 각기 종류대로 씨 가진 열매 맺는 과목을 내라 하시매 그대로 되어 땅이 풀과 각기 종류대로 씨 맺는 채소와 각기 종류대로 씨 가진 열매 맺는 나무를 내니 하나님의 보시기에 좋았더라"(창 1:11~12)

여섯째, 생육하고 번성케 하시는 분입니다.

"하나님이 큰 물고기와 물에서 번성하여 움직이는 모든 생물을 그 종류대로, 날개 있는 모든 새를 그 종류대로 창조하시니 하나님의 보시기에 좋았더라 하나님이 그들에게 복을 주어 가라사대 생육하고 번성하여 여러 바다 물에 충만하라 새들도 땅에 번성하라 하시니라"(창 1:21~22)

일곱째, 삼위일체 하나님의 형상으로 사람을 만드시는 분입니다.

"하나님이 가라사대 우리의 형상을 따라 우리의 모양대로 우리가 사람을 만들고"(창 1:26상)

여덟째, 사람으로 피조물을 다스리게 하시는 분입니다.

"그로 바다의 고기와 공중의 새와 육축과 온 땅과 땅에 기는 모든 것을 다스리게 하자 하시고 하나님이 자기 형상 곧 하나님의 형상대로 사람을 창조하시되 남자와 여자를 창조하시고 하나님이 그들에게 복을 주시며 그들에게 이르시되 생육하고 번성하여 땅에 충만하라, 땅을 정복하라, 바다의 고기와 공중의 새와 땅에 움직이는 모든 생물을 다스리라 하시니라"(창 1:26하~28)

아홉째, 은혜가 풍성하신 분입니다.

"하나님이 가라사대 내가 온 지면의 씨 맺는 모든 채소와 씨 가진 열매 맺는 모든 나무를 너희에게 주노니 너희 식물이 되리라 또 땅의 모든 짐승과 공중의 모든 새와 생명이 있어 땅에 기는 모든 것에게는 내가 모든 푸른 풀을 식물로 주노라 하시니 그대로 되니라"(창 1:29~30)

삼위 일체 하나님께서는 항상 함께 계시고 함께 창조의 사역을 담당하셨습니다.

그러므로 성삼위 하나님의 은혜로 천지의 대주재이신 하나님을 사랑하며 하나님을 영화롭게 하는 우리 모두가 되기를 기도합니다.

창세기 2장 17절

"선악을 알게 하는 나무의 실과는 먹지 말라 네가 먹는 날에는 정녕 죽으리라 하시니라"(개역한글판)

"그러나 선과 악의 그 지식의 나무에서 너는 반드시 먹지 말거라. 그것에서 참으로 네가 그것에서 먹는 날에 너는 반드시 죽게 될 것이다"(원문직역)

창세기 2장 말씀은 창조에 대한 보충 설명과 하나님께서 세우신 규례가 나와 있습니다.

사람은 하나님 형상대로 창조함을 받았습니다.

"여호와 하나님이 흙으로 사람을 지으시고 생기를 그 코에 불어 넣으시니 사람이 생령이 된지라"(창 2:7)

하나님 형상대로 지으심 받은 사람들은?

첫째, 신약 시대의 안식일인 주일을 지켜야 합니다.

"하나님의 지으시던 일이 일곱째 날이 이를 때에 마치니 그 지으시던 일이 다하므로 일곱째 날에 안식하시니라 하나님이 일곱째 날을 복 주사 거룩하게 하셨으니 이는 하나님이 그 창조하시며 만드시던 모든 일을 마치시고 이 날에 안식하셨음이더라"(창 2:2~3)

둘째, 하나님 형상인 참지식과 거룩함과 의로움으로 살아야 합니다.

"여호와 하나님이 흙으로 사람을 지으시고 생기를 그 코에 불어 넣으시니 사람이 생령이 된지라"(창 2:7)

"하나님을 따라 의와 진리의 거룩함으로 지으심을 받은 새 사람을 입으라"(엡 4:24)

셋째, 하나님께서 주신 유업을 위해 바르고 정직하게 땀을 흘리며 수고하고 보존해야 합니다.

"여호와 하나님이 그 사람을 이끌어 에덴동산에 두사 그것을 다스리며 지키게 하시고"(창 2:15)

셋째, 하나님 말씀에 순종해야 합니다.

"여호와 하나님이 그 사람에게 명하여 가라사대 동산 각종 나무의 실과는 네가 임의로 먹되 선악을 알게 하는 나무의 실과는 먹지 말라 네가 먹는 날에는 정녕 죽으리라 하시니라"(창 2:16~17)

넷째, 예수 그리스도의 몸 된 교회를 드러내기 위해 결혼하고 가정생활을 해야 합니다.

"아담이 모든 육축과 공중의 새와 들의 모든 짐승에게 이름을 주니라 아담이 돕는 배필이 없으므로 여호와 하나님이 아담을 깊이 잠들게 하시니 잠들매 그가 그 갈빗대 하나를 취하고 살로 대신 채우시고 여호와 하나님이 아담에게서 취하신 그 갈빗대로 여자를 만드시고 그를 아담에게로 이끌어 오시니 아담이 가로되 이는 내 뼈 중의 뼈요 살 중의 살이라 이것을 남자에게서 취하였은즉 여자라 칭하리라 하니라 이러므로 남자가 부모를 떠나 그 아내와 연합하여 둘이 한 몸을 이룰지로다 아담과 그 아내 두 사람이 벌거벗었으나 부끄러워 아니하니라"(창 2:20~25)

"이러므로 사람이 부모를 떠나 그 아내와 합하여 그 둘이 한 육체가 될지니 이 비밀이 크도다 내가 그리스도와 교회에 대하여 말하노라 그러나 너희도 각각 자기의 아내 사랑하기를 자기 같이 하고 아내도 그 남편을 경외하라"(엡 5:31~33)

하나님께서는 인생들을 사랑하셔서 하나님 말씀에 순종하라고 말씀하십니다.

그러므로 성삼위 하나님의 은혜로 하나님 말씀에 순종하며 하나님을 영화롭게 하는 우리 모두가 되기를 기도합니다.

창세기 3장 15절

"내가 너로 여자와 원수가 되게 하고 너의 후손도 여자의 후손과 원수가 되게 하리니 여자의 후손은 네 머리를 상하게 할 것이요 너는 그의 발꿈치를 상하게 할 것이니라 하시고"(개역한글판)

"그리고 미움을 나는 놓을 것이다. 너와 그 여자 사이에 그리고 네 씨와 그 녀의 씨 사이에 그가 네 머리를 상하게 할 것이다. 그리고 너는 그의 발꿈치를 상하게 할 것이다"(원문직역)

창세기 3장은 인류의 대표가 되는 첫 사람인 아담과 하와의 불순종을 다루고 있습니다.

하나님 말씀에 불순종 하게 되면?

첫째, 수치스러워 집니다.

"이에 그들의 눈이 밝아 자기들의 몸이 벗은 줄을 알고 무화과 나무 잎을 엮어 치마를 하였더라"(창 3:7)

둘째, 하나님과의 거룩한 사귐을 스스로 피하며 악하게 하나님을 두려워하게 됩니다.

"그들이 날이 서늘할 때에 동산에 거니시는 여호와 하나님의 음성을 듣고 아담과 그 아내가 여호와 하나님의 낯을 피하여 동산 나무 사이에 숨은지라 여호와 하나님이 아담을 부르시며 그에게 이르시되 네가 어디 있느냐 가로되 내가 동산에서 하나님의 소리를 듣고 내가 벗었으므로 두려워하여 숨었나이다"(창 3:8~10)

셋째, 징계를 받습니다.

"또 여자에게 이르시되 내가 네게 잉태하는 고통을 크게 더하리니 네가 수고하고 자식을 낳을 것이며 너는 남편을 사모하고 남편은 너를 다스릴 것이니라 하시고 아담에게 이르시되 네가 네 아내의 말을 듣고 내가 너더러 먹지 말라 한 나무 실과를 먹었은즉 땅은 너로 인하여 저주를 받고 너는 종신토록 수고하여야 그 소산을 먹으리라 땅이 네게 가시덤불과 엉겅퀴를 낼 것이라 너의 먹을 것은 밭의 채소인즉 네가 얼굴에 땀이 흘러야 식물을 먹고 필경은 흙으로 돌아 가리니 그 속에서 네가 취함을 입었음이라 너는 흙이니 흙으로 돌아갈 것이니라 하시니라"(창 3:16~19)

불순종으로 죄와 사망의 권세 아래에 있게 된 아담과 하와는 에덴 동산에서 추방되었습니다.

"여호와 하나님이 가라사대 보라 이 사람이 선악을 아는 일에 우리 중 하나 같이 되었으니 그가 그 손을 들어 생명나무 실과도 따 먹고 영생할까 하노라 하시고 여호와 하나님이 에덴 동산에서 그 사람을 내어 보내어 그의 근본된 토지를 갈게 하시니라 이같이 하나님이 그 사람을 쫓아 내시고 에덴 동산 동편에 그룹들과 두루 도는 화염검을 두어 생명나무의 길을 지키게 하시니라"(창 3:22~24)

그러나 은혜가 풍성하시고 사랑이 많으신 하나님께서는 예수 그리스도의 대속 사역으로 죄를 용서해주시고 사망의 권세에서 해방시켜 주십니다.

"내가 너로 여자와 원수가 되게 하고 너의 후손도 여자의 후손과 원수가 되게 하리니 여자의 후손은 네 머리를 상하게 할 것이요 너는 그의 발꿈치를 상하게 할 것이니라 하시고"(창 3:15)

그리고 예수 그리스도의 십자가 대속 사역으로 죄와 사망의 권세에서 해방 받은 당신의 자녀들을 의롭다고 여겨주십니다.

"여호와 하나님이 아담과 그 아내를 위하여 가죽옷을 지어 입히시니라"(창 3:21)

하나님께서는 의와 긍휼과 자비와 사랑이 무궁하신 분입니다.

그러므로 성삼위 하나님의 은혜로 하나님 말씀에 순종하며 하나님을 영화롭게 하는 우리 모두가 되기를 기도합니다.

창세기 4장 26절

"셋도 아들을 낳고 그 이름을 에노스라 하였으며 그 때에 사람들이 비로소 여호와의 이름을 불렀더라"(개역한글판)

"그리고 셋에게 또한 아들을 낳게 되었다. 그리고 그의 이름을 에노스라 불렀다. 그때 그가 여호와의 이름을 부르기를 시작했다"(원문직역)

택한 백성인 에노스의 시대부터 사람들이 하나님의 이름을 부르며 예배를 드리기 시작했습니다.

하나님께서 받으시는 예배는?

첫째, 예수 그리스도의 품 안에서 말씀을 따라 가장 좋은 것으로 드리는 예배입니다.

"아벨은 자기도 양의 첫 새끼와 그 기름으로 드렸더니"(창 4:4상)

"만일 여호와께 예물로 드리는 화목제의 희생이 양이면 수컷이나 암컷이나 흠 없는 것으로 드릴지며 만일 예물로 드리는 것이 어린 양이면 그것을 여호와 앞으로 끌어다가 그 예물의 머리에 안수하고 회막 앞에서 잡을 것이요 아론의 자손은 그 피를 단 사면에 뿌릴 것이며 그는 그 화목제의 희생 중에서 여호와께 화제를 드릴지니 그 기름 곧 미려골에서 벤바 기름진 꼬리와 내장에 덮힌 기름과 내장에 붙은 모든 기름과 두 콩팥과 그 위의 기름 곧 허리 근방에 있는 것과 간에 덮인 꺼풀을 콩팥과 함께 취할 것이요 제사장은 그것을 단 위에 불사를지니 이는 화제로 여호와께 드리는 식물이니라"(레 3:6~11)

둘째, 예수 그리스도의 보혈을 의지해서 드리는 예배입니다.

"여호와께서 아벨과 그 제물은 열납하셨으나"(창 4:4하)

"율법을 좇아 거의 모든 물건이 피로써 정결케 되나니 피흘림이 없은즉 사함이 없느니라"(히 9:22)

셋째, 거듭난 이성의 사유의 정신으로 성령님과 말씀을 따라 드리는 예배입니다.

"예수께서 가라사대 여자여 내 말을 믿으라 이 산에서도 말고 예루살렘에서도 말고 너희가 아버지께 예배할 때가 이르리라 너희는 알지 못하는 것을 예배하고 우리는 아는 것을 예배하노니 이는 구원이 유대인에게서 남이니라 아버지께 참으로 예배하는 자들은 신령과 진정으로 예배할 때가 오나니 곧 이 때라 아버지께서는 이렇게 자기에게 예배하는 자들을 찾으시느니라 하나님은 영이시니 예배하는 자가 신령과 진정으로 예배할지니라"(요 4:21~24)

넷째, 예수 그리스도의 품 안에서 자신을 하나님께 드리는 예배입니다.

"그러므로 형제들아 내가 하나님의 모든 자비하심으로 너희를 권하노니 너희 몸을 하나님이 기뻐하시는 거룩한 산 제사로 드리라 이는 너희의 드릴 영적 예배니라"(롬 12:1)

예배는 영적 기능인 거듭난 새생명으로 경배하는(엎드려 절하는)것 입니다.

엎드려 절하며 기도와 찬송과 헌상을 드리고 말씀을 받고 그 말씀으로 생활 예배를 드리고 의식 예배를 드리는 것이 예배입니다.

그러므로 성삼위 하나님의 은혜로 바른 예배를 드리며 하나님을 영화롭게 하는 우리 모두가 되기를 기도합니다.

창세기 5장 24절

"에녹이 하나님과 동행하더니 하나님이 그를 데려가시므로 세상에 있지 아니하였더라"(개역한글판)

"그리고 에녹이 그 하나님과 함께 걸어갔다. 그리고 그는 없었다. 왜냐하면 하나님께서 그를 취하셨기 때문이다"(원문직역)

창세기 5장은 노아 홍수 이전의 족장들을 다루고 있습니다.

특별히 창세기 4장 1절~24절과 다르게 하나님 나라와 관련된 구원역사에 필요한 인물들만 기록되었습니다.

첫째, 인류의 대표인 아담을 가지시고 사람의 정체성을 가르치고 있습니다.

"아담 자손의 계보가 이러하니라 하나님이 사람을 창조하실 때에 하나님의 형상대로 지으시되 남자와 여자를 창조하셨고 그들이 창조되던 날에 하나님이 그들에게 복을 주시고 그들의 이름을 사람이라 일컬으셨더라"(창 5:1~2)

둘째, 하나님 나라를 가르치기 위해 셋을 주셨습니다.

"아담이 일백삼십 세에 자기 모양 곧 자기 형상과 같은 아들을 낳아 이름을 셋이라 하였고 아담이 셋을 낳은 후 팔백 년을 지내며 자녀를 낳았으며 그가 구백삼십 세를 향수하고 죽었더라"(창 5:3~5)

"아담이 다시 아내와 동침하매 그가 아들을 낳아 그 이름을 셋이라 하였으니 이는 하나님이 내게 가인의 죽인 아벨 대신에 다른 씨를 주셨다 함이며"(창 4:25)

셋째, 바른 예배를 가르치시기 위해 에노스를 주셨습니다.

"셋은 일백오 세에 에노스를 낳았고 에노스를 낳은 후 팔백칠 년을 지내며 자녀를 낳았으며 그가 구백십이 세를 향수하고 죽었더라"(창 5:6~8)

"셋도 아들을 낳고 그 이름을 에노스라 하였으며 그 때에 사람들이 비로소 여호와의 이름을 불렀더라"(창 4:26)

넷째, 천국과 영생의 은총을 가르치시기 위해 에녹을 주셨습니다.

"에녹은 육십오 세에 므두셀라를 낳았고 므두셀라를 낳은 후 삼백 년을 하나님과 동행하며 자녀를 낳았으며 그가 삼백육십오 세를 향수하였더라 에녹이 하나님과 동행하더니 하나님이 그를 데려가시므로 세상에 있지 아니하였더라"(창 5:21~24)

다섯째, 하나님 나라를 위한 번영과 장수를 가르치시기 위해 므두셀라를 주셨습니다.

"므두셀라는 일백팔십칠 세에 라멕을 낳았고 라멕을 낳은 후 칠백팔십이 년을 지내며 자녀를 낳았으며 그는 구백육십구 세를 향수하고 죽었더라"(창 5:25~27)

여섯째, 메시야에 대한 소망을 가르치시기 위해 라멕을 주셨습니다.

"라멕은 일백팔십이 세에 아들을 낳고 이름을 노아라 하여 가로되 여호와께서 땅을 저주하시므로 수고로이 일하는 우리를 이 아들이 안위하리라 하였더라 라멕이 노아를 낳은 후 오백구십오 년을 지내며 자녀를 낳았으며 그는 칠백칠십칠 세를 향수하고 죽었더라"(창 5:28~31)

일곱째, 의로운 삶을 가르치시기 위해 노아를 주셨습니다.

"노아가 오백 세 된 후에 셈과 함과 야벳을 낳았더라"(창 5:32)

"노아의 사적은 이러하니라 노아는 의인이요 당세에 완전한 자라 그가 하나님과 동행하였으며 그가 세 아들을 낳았으니 셈과 함과 야벳이라"(창 6:9~10)

의로운 족장들은 하나님 선물입니다.

그리스도인은 하나님 나라 속에서 하나님 나라와 그 의를 드러내기 위해 사는 사람들입니다.

그러므로 성삼위 하나님의 은혜로 하나님 나라 속에서 살아가며 하나님을 영화롭게 하는 우리 모두가 되기를 기도합니다.

창세기 6장 9절

"노아의 사적은 이러하니라 노아는 의인이요 당세에 완전한 자라 그가 하나님과 동행하였으며"(개역한글판)

"이것은 노아의 역사다. 노아는 의로운 사람이고 그의 세대에서 완전한 사람이었다. 그 하나님과 함께 노아는 스스로 걸었다"(원문직역)

하나님의 사람 노아는?

첫째, 육체의 소욕을 따라 살지 않았습니다.

"사람이 땅 위에 번성하기 시작할 때에 그들에게서 딸들이 나니 하나님의 아들들이 사람의 딸들의 아름다움을 보고 자기들의 좋아하는 모든 자로 아내를 삼는지라 여호와께서 가라사대 나의 신이 영원히 사람과 함께 하지 아니하리니 이는 그들이 육체가 됨이라 그러나 그들의 날은 일백이십 년이 되리라 하시니라"(창 6:1~3)

둘째, 세상의 악을 따라 살지 않았습니다.

"여호와께서 사람의 죄악이 세상에 관영함과 그 마음의 생각의 모든 계획이 항상 악할 뿐임을 보시고"(창 6:5)

"때에 온 땅이 하나님 앞에 패괴하여 강포가 땅에 충만한지라 하나님이 보신즉 땅이 패괴하였으니 이는 땅에서 모든 혈육 있는자의 행위가 패괴함이었더라 하나님이 노아에게 이르시되 모든 혈육 있는 자의 강포가 땅에 가득하므로 그 끝날이 내 앞에 이르렀으니 내가 그들을 땅과 함께 멸하리라"(창 6:11~13)

셋째, 하나님께서 베풀어 주시는 은혜가운데 살았습니다.

"그러나 노아는 여호와께 은혜를 입었더라"(창 6:8)

넷째, 의로운 사람이었습니다.

"노아의 사적은 이러하니라 노아는 의인이요"(창 6:9상)

다섯째, 교리적 성결과 도덕적 성결을 겸비한 사람이었습니다.

"당세에 완전한 자라"(창 6:9중)

여섯째, 하나님과 동행한 사람이었습니다.

"그가 하나님과 동행하였으며"(창 6:9하)

일곱째, 은혜 언약 안에 살았던 사람입니다.

"그러나 너와는 내가 내 언약을 세우리니 너는 네 아들들과 네 아내와 네 자부들과 함께그 방주로 들어가고"(창 6:18)

여덟째, 온전히 순종한 사람이었습니다.

"노아가 그와 같이 하되 하나님이 자기에게 명하신 대로 다 준행하였더라"(창 6:22)

그리스도인들은 세상과 구별된 사람들입니다.

그러므로 성삼위 하나님의 은혜로 세상과 구별된 위치에서 살아가며 하나님을 영화롭게 하는 우리 모두가 되기를 기도합니다.

창세기 7장 23절

"지면의 모든 생물을 쓸어버리시니 곧 사람과 짐승과 기는 것과 공중의 새까지라 이들은 땅에서 쓸어버림을 당하였으되 홀로 노아와 그와 함께 방주에 있던 자만 남았더라"(개역한글판)

"그래서 그 분은 그 땅의 표면 위에 있는 그 살아있는 모든 것을 쓸어버리셨다. 사람부터 짐승까지 기는것과 그 공중의 새들까지 그리고 그것들을 그 땅으로부터 쓸어버렸다. 그러나 다만 노아와 또 그 방주 안에 그와 함께 있는 자들만 남게 되었다"(원문직역)

죄악이 관영한 노아 시대는 종말 심판에 대한 모형입니다.

"때에 온 땅이 하나님 앞에 패괴하여 강포가 땅에 충만한지라 하나님이 보신즉 땅이 패괴하였으니 이는 땅에서 모든 혈육 있는자의 행위가 패괴함이었더라 하나님이 노아에게 이르시되 모든 혈육 있는 자의 강포가 땅에 가득하므로 그 끝날이 내 앞에 이르렀으니 내가 그들을 땅과 함께 멸하리라 너는 잣나무로 너를 위하여 방주를 짓되 그 안에 간들을 막고 역청으로 그 안팎에 칠하라 그 방주의 제도는 이러하니 장이 삼백 규빗, 광이 오십 규빗, 고가 삼십 규빗이며 거기 창을 내되 위에서부터 한 규빗에 내고 그 문은 옆으로 내고 상 중 하 삼층으로 할지니라 내가 홍수를 땅에 일으켜 무릇 생명의 기식 있는 육체를 천하에서 멸절하리니 땅에 있는 자가 다 죽으리라"(창 6:11~17)

"이는 하늘이 옛적부터 있는 것과 땅이 물에서 나와 물로 성립한 것도 하나님의 말씀으로 된 것을 저희가 부러 잊으려 함이로다이로 말미암아 그 때 세상은 물의 넘침으로 멸망하였으되 이제 하늘과 땅은 그 동일한 말씀으로 불사르기 위하여 간수하신 바 되어 경건치 아니한 사람들의 심판과 멸망의 날까지 보존하여 두신 것이니라"(벧후 3:5~7)

종말 심판때 구원받는 그리스도인들은?

첫째, 의로운 삶을 사는 사람들입니다.

"여호와께서 노아에게 이르시되 너와 네 온 집은 방주로 들어가라 네가 이 세대에 내 앞에서 의로움을 내가 보았음이니라"(창 7:1)

둘째, 하나님 말씀에 순종하는 사람들입니다.

"노아가 여호와께서 자기에게 명하신 대로 다 준행하였더라"(창 7:5)

셋째, 예수 그리스도의 몸 된 교회의 지체들입니다.

"노아가 아들들과 아내와 자부들과 함께 홍수를 피하여 방주에 들어갔고"(창 7:7)

"곧 그 날에 노아와 그의 아들 셈, 함, 야벳과 노아의 처와 세 자부가 다 방주로 들어갔고"(창 7:13)

넷째, 은혜 받을 때에 은혜 받고 구원 받을 때에 구원 받는 사람들입니다.

"들어간 것들은 모든 것의 암수라 하나님이 그에게 명하신 대로 들어가매 여호와께서 그를 닫아 넣으시니라"(창 7:16)

종말 심판때에 구원받는 사람들은 그리스도인들 뿐입니다.

"지면의 모든 생물을 쓸어버리시니 곧 사람과 짐승과 기는 것과 공중의 새까지라 이들은 땅에서 쓸어버림을 당하였으되 홀로 노아와 그와 함께 방주에 있던 자만 남았더라"(창 8:23)

교회는 성도에게 어머니와 같은 존재입니다.

어거스틴의 말을 빌립니다.

“어머니가 없는 사람은 아버지도 없는 사람입니다.”

그러므로 성삼위 하나님의 은혜로 예수 그리스도의 몸 된 교회의 지체 된 위치에서 살아가며 하나님을 영화롭게 하는 우리 모두가 되기를 기도합니다.

창세기 8장 1절

"하나님이 노아와 그와 함께 방주에 있는 모든 들짐승과 가축을 기억하사 하나님이 바람을 땅 위에 불게 하시매 물이 줄어들었고"(개역개정판)

"그리고 하나님께서 노아를 기억하셨다. 그리고 그와 함께 그 방주 안에 있는 모든 짐승과 모든 가축을 그리고 하나님께서 그 땅 위에 바람을 지나가게 하셨다. 그러자 그 물들이 줄어들었다"(원문직역)

하나님께서는 죄악이 관영한 노아 시대를 심판하셨습니다.

"노아가 육백 세 되던 해 둘째 달 곧 그 달 열이렛날이라 그 날에 큰 깊음의 샘들이 터지며 하늘의 창문들이 열려 사십 주야를 비가 땅에 쏟아졌더라"(창 7:11~12)

노아와 그 가족과 일정한 수 의 짐승들은 보존하셨습니다.

"지면의 모든 생물을 쓸어버리시니 곧 사람과 가축과 기는 것과 공중의 새까지라 이들은 땅에서 쓸어버림을 당하였으되 오직 노아와 그와 함께 방주에 있던 자들만 남았더라"(창 7:23)

홍수 심판 이후의 하나님께서는?

첫째, 당신의 백성들을 기억하시고 긍휼을 베푸셨습니다.

"하나님이 노아와 그와 함께 방주에 있는 모든 들짐승과 가축을 기억하사 하나님이 바람을 땅 위에 불게 하시매 물이 줄어들었고 깊음의 샘과 하늘의 창문이 닫히고 하늘에서 비가 그치매 물이 땅에서 물러가고 점점 물러가서 백오십 일 후에 줄어들고 일곱째 달 곧 그 달 열이렛날에 방주가 아라랏 산에 머물렀으며 물이 점점 줄어들어 열째 달 곧 그 달 초하룻날에 산들의 봉우리가 보였더라"(창 8:1~5)

둘째, 예수 그리스도의 품 안에서 드리는 예배를 받으셨습니다.

"노아가 여호와께 제단을 쌓고 모든 정결한 짐승과 모든 정결한 새 중에서 제물을 취하여 번제로 제단에 드렸더니 여호와께서 그 향기를 받으시고"(창 8:20~21상)

셋째, 인간의 비참함을 불쌍히 여기셨습니다.

"그 중심에 이르시되 내가 다시는 사람으로 말미암아 땅을 저주하지 아니하리니 이는 사람의 마음이 계획하는 바가 어려서부터 악함이라 내가 전에 행한 것 같이 모든 생물을 다시 멸하지 아니하리니"(창 8:21하)

"아버지가 자식을 긍휼히 여김 같이 여호와께서는 자기를 경외하는 자를 긍휼히 여기시나니 이는 그가 우리의 체질을 아시며 우리가 단지 먼지뿐임을 기억하심이로다"(시 103:13~14)

넷째, 자연 질서를 회복시키셨습니다.

"땅이 있을 동안에는 심음과 거둠과 추위와 더위와 여름과 겨울과 낮과 밤이 쉬지 아니하리라"(창 8:22)

하나님께서는 공의의 영광과 자비의 영광을 드러내시는 분입니다.

그리스도인은 자비의 영광의 대상입니다.

그러므로 성삼위 하나님의 은혜로 자비의 영광을 드러내는 위치에서 살아가며 하나님을 영화롭게 하는 우리 모두가 되기를 기도합니다.

창세기 9장 1절

"하나님이 노아와 그 아들들에게 복을 주시며 그들에게 이르시되 생육하고 번성하여 땅에 충만하라"(개역개정판)

"그리고 하나님께서 노아와 그의 아들들에게 복을 주셨다. 그리고 그분은 그들에게 말씀하셨다. 너희는 열매 맺거라. 그리고 너희는 많아지거라. 그리고 너희는 그 땅을 채우거라"(원문직역)

하나님께서는 죄악이 관영한 노아시대를 물로 심판하시고 난 후 은혜 언약의 징표인 무지개로 보존 언약을 하셨습니다.(창 9:8~16)

"내가 내 무지개를 구름 속에 두었나니 이것이 나와 세상 사이의 언약의 증거니라 내가 구름으로 땅을 덮을 때에 무지개가 구름 속에 나타나면 내가 나와 너희와 및 육체를 가진 모든 생물 사이의 내 언약을 기억하리니 다시는 물이 모든 육체를 멸하는 홍수가 되지 아니할지라 무지개가 구름 사이에 있으리니 내가 보고 나 하나님과 모든 육체를 가진 땅의 모든 생물 사이의 영원한 언약을 기억하리라 하나님이 노아에게 또 이르시되 내가 나와 땅에 있는 모든 생물 사이에 세운 언약의 증거가 이것이라 하셨더라"(창 9:13~17)

하나님께서는 언약을 재 갱신하시며 만물에 대한 지배권을 다시 회복 시키셨습니다.

"하나님이 노아와 그 아들들에게 복을 주시며 그들에게 이르시되 생육하고 번성하여 땅에 충만하라 땅의 모든 짐승과 공중의 모든 새와 땅에 기는 모든 것과 바다의 모든 물고기가 너희를 두려워하며 너희를 무서워하리니 이것들은 너희의 손에 붙였음이니라 모든 산 동물은 너희의 먹을 것이 될지라 채소 같이 내가 이것을 다 너희에게 주노라"(창 9:1~3)

지켜야 될 규례를 주셨습니다.

노아시대의 "유스 디비눔"(신적 규례, 신적 권위, 하나님의 법)은?

첫째, 피를 먹지 말라 입니다.

"그러나 고기를 그 생명 되는 피째 먹지 말 것이니라 내가 반드시 너희의 피 곧 너희의 생명의 피를 찾으리니 짐승이면 그 짐승에게서, 사람이나 사람의 형제면 그에게서 그의 생명을 찾으리라"(창 9:4~5)

둘째, 살인하지 말라 입니다.

"다른 사람의 피를 흘리면 그 사람의 피도 흘릴 것이니 이는 하나님이 자기 형상대로 사람을 지으셨음이니라"(창 9:6)

셋째, 하나님께서 세우신 자연 질서와 권위를 존중하라 입니다.(창 9:19~ 27)

"노아가 술이 깨어 그의 작은 아들이 자기에게 행한 일을 알고 이에 이르되 가나안은 저주를 받아 그의 형제의 종들의 종이 되기를 원하노라 하고 또 이르되 셈의 하나님 여호와를 찬송하리로다 가나안은 셈의 종이 되고 하나님이 야벳을 창대하게 하사 셈의 장막에 거하게 하시고 가나안은 그의 종이 되게 하시기를 원하노라 하였더라"(창 9:24~27)

하나님께서는 그리스도인들이 생명을 존중하고 하나님께서 세우신 자연 질서와 권위를 존중하기를 원하십니다.

생명 존중과 권위 존중이 무너지면 다시 죄악이 관영해집니다.

그러므로 성삼위 하나님의 은혜로 그리스도인의 바른 위치에서 살아가며 하나님을 영화롭게 하는 우리 모두가 되기를 기도합니다.

창세기 10장 1절

"노아의 아들 셈과 함과 야벳의 족보는 이러하니라 홍수 후에 그들이 아들들을 낳았으니"(개역개정판)

"그리고 이것은 노아의 아들들인 셈과 함과 야벳의 계보이다. 그리고 그들에게 그 홍수 후에 아들들이 태어났다"(원문직역)

하나님께서는 노아와 그 아들들에게 언약 하신대로 생육하고 번성하는 복을 주셨습니다.

"하나님이 노아와 그 아들들에게 복을 주시며 그들에게 이르시되 생육하고 번성하여 땅에 충만하라"(창 9:1)

하나님은 스스로 낮아지셔서 사람들과 언약을 맺으시고 그 맺으신 언약을 신실하게 이행하시는 분입니다.

노아의 아들들에게 주신 복은?

첫째, 야벳의 후손들에게 창대의 복을 주셨습니다.(창 10:2~5)

"야벳의 아들은 고멜과 마곡과 마대와 야완과 두발과 메섹과 디라스요"(창 10:2)

둘째, 함의 아들들에게 번영의 복을 주셨습니다.(창 10:6~20)

"함의 아들은 구스와 미스라임과 붓과 가나안이요"(창 10:6)

유감스럽게도 구스의 후손인 니므롯은 하나님 나라를 대적하는 인물이 되었습니다.

"구스의 아들은 스바와 하윌라와 삽다와 라아마와 삽드가요 라아마의 아들은 스바와 드단이며 구스가 또 니므롯을 낳았으니 그는 세상에 첫 용사라 그가 여호와 앞에서 용감한 사냥꾼이 되었으므로 속담에 이르기를 아무는 여호와 앞에 니므롯 같이 용감한 사냥꾼이로다 하더라 그의 나라는 시날 땅의 바벨과 에렉과 악갓과 갈레에서 시작되었으며 그가 그 땅에서 앗수르로 나아가 니느웨와 르호보딜과 갈라와 및 니느웨와 갈라 사이의 레센을 건설하였으니 이는 큰 성읍이라"(창 10:7~12)

셋째, 셈의 후손들에게 종교적으로 유명해지는 복을 주셨습니다.(창 10:21~31)

"셈은 에벨 온 자손의 조상이요 야벳의 형이라 그에게도 자녀가 출생하였으니 셈의 아들은 엘람과 앗수르와 아르박삿과 룻과 아람이요"(창 10:21~22)

하나님께서는 모든 인생들에게 각자에게 맞는 복을 주십니다.

"이들은 그 백성들의 족보에 따르면 노아 자손의 족속들이요 홍수 후에 이들에게서 그 땅의 백성들이 나뉘었더라"(창 10:32)

그러므로 성삼위 하나님의 은혜로 주신 복으로 배도와 배교하지 말고 하나님을 영화롭게 하는 우리 모두가 되기를 기도합니다.

창세기 11장 4절

"또 말하되 자, 성읍과 탑을 건설하여 그 탑 꼭대기를 하늘에 닿게 하여 우리 이름을 내고 온 지면에 흩어짐을 면하자 하였더니"(개역개정판)

"그리고 그들이 말했다. 자 우리가 우리를 위하여 성과 탑을 세웁시다. 그리고 그것 머리가 그 하늘들에 닿도록. 그리고 우리가 우리 이름을 위하여 이름을 만듭시다. 우리가 그 온 땅에 표면 위에 흩어지지 않도록"(원문 직역)

하나님을 떠난 인생들은?

첫째, 인간 중심으로 살아갑니다.

"온 땅의 언어가 하나요 말이 하나였더라 이에 그들이 동방으로 옮기다가 시날 평지를 만나 거기 거류하며 서로 말하되 자, 벽돌을 만들어 견고히 굽자 하고 이에 벽돌로 돌을 대신하며 역청으로 진흙을 대신하고"(창 11:1~3)

둘째, 하나님의 권위에 도전합니다.

"또 말하되 자, 성읍과 탑을 건설하여 그 탑 꼭대기를 하늘에 닿게 하여"(창 11:4상)

셋째, 자신들의 이름을 높입니다.

"우리 이름을 내고"(창 11:4중)

넷째, 하나님의 다스림을 싫어합니다.

"온 지면에 흩어짐을 면하자 하였더니"(창 11:4하)

하나님께서는 이러한 세대와 인생들을 싫어하십니다.

"여호와께서 사람들이 건설하는 그 성읍과 탑을 보려고 내려오셨더라 여호와께서 이르시되 이 무리가 한 족속이요 언어도 하나이므로 이같이 시작하였으니 이 후로는 그 하고자 하는 일을 막을 수 없으리로다"(창 11:5~6)

흩어 버리셨습니다.

"자, 우리가 내려가서 거기서 그들의 언어를 혼잡하게 하여 그들이 서로 알아듣지 못하게 하자 하시고 여호와께서 거기서 그들을 온 지면에 흩으셨으므로 그들이 그 도시를 건설하기를 그쳤더라"(창 11:7~8)

하나님께서는 하나님 나라 왕이시고 중심이신 예수 그리스도를 온 천하 만방에 선포하시기 위해 아브라함을 선택하셨습니다.(창 11:10~32)

"데라가 그 아들 아브람과 하란의 아들인 그의 손자 롯과 그의 며느리 아브람의 아내 사래를 데리고 갈대아인의 우르를 떠나 가나안 땅으로 가고자 하더니 하란에 이르러 거기 거류하였으며 데라는 나이가 이백오 세가 되어 하란에서 죽었더라"(창 11:31~32)

타락한 인생의 회복은 예수 그리스도 이외에는 없습니다.

그러므로 성삼위 하나님의 은혜로 예수 그리스도 안에서 살아가며 하나님을 영화롭게 하는 우리 모두가 되기를 기도합니다.

창세기 12장 1절

"여호와께서 아브람에게 이르시되 너는 너의 고향과 친척과 아버지의 집을 떠나 내가 네게 보여 줄 땅으로 가라"(개역개정판)

"그리고 여호와께서 아브람에게 말씀하셨다. 너는 가거라 네게. 네 땅과 네 친족으로부터 그리고 네 아버지 집으로부터 내가 네게 보일 그 땅으로"(원문직역)

하나님께서는 아브라함에게 하나님 나라의 왕이시고 중심 되시는 예수 그리스도를 온 천하 만방에 드러내게 하시기 위해 가나안 땅으로 가기를 명하셨습니다.

"여호와께서 아브람에게 이르시되 너는 너의 고향과 친척과 아버지의 집을 떠나 내가 네게 보여 줄 땅으로 가라 내가 너로 큰 민족을 이루고 네게 복을 주어 네 이름을 창대하게 하리니 너는 복이 될지라 너를 축복하는 자에게는 내가 복을 내리고 너를 저주하는 자에게는 내가 저주하리니 땅의 모든 족속이 너로 말미암아 복을 얻을 것이라 하신지라"(창 12:1~3)

예수 그리스도의 몸 된 교회는 각 나라의 택함받은 사람들에게 영생의 복을 주는 신령한 기관입니다.

하나님 말씀을 받은 아브라함은?

첫째, 순종했습니다.

"이에 아브람이 여호와의 말씀을 따라갔고 롯도 그와 함께 갔으며 아브람이 하란을 떠날 때에 칠십오 세였더라 아브람이 그의 아내 사래와 조카 롯과 하란에서 모은 모든 소유와 얻은 사람들을 이끌고 가나안 땅으로 가려고 떠나서 마침내 가나안 땅에 들어갔더라"(창 12:4~5)

둘째, 감사 예배를 드렸습니다.

"아브람이 그 땅을 지나 세겜 땅 모레 상수리나무에 이르니 그 때에 가나안 사람이 그 땅에 거주하였더라 여호와께서 아브람에게 나타나 이르시되 내가 이 땅을 네 자손에게 주리라 하신지라 자기에게 나타나신 여호와께 그가 그 곳에서 제단을 쌓고 거기서 벧엘 동쪽 산으로 옮겨 장막을 치니 서쪽은 벧엘이요 동쪽은 아이라 그가 그 곳에서 여호와께 제단을 쌓고 여호와의 이름을 부르더니 점점 남방으로 옮겨갔더라"(창 12:6~9)

셋째, 보호를 받았습니다.(창 12:10~20)

"여호와께서 아브람의 아내 사래의 일로 바로와 그 집에 큰 재앙을 내리신지라 바로가 아브람을 불러서 이르되 네가 어찌하여 나에게 이렇게 행하였느냐 네가 어찌하여 그를 네 아내라고 내게 말하지 아니하였느냐 네가 어찌 그를 누이라 하여 내가 그를 데려다가 아내를 삼게 하였느냐 네 아내가 여기 있으니 이제 데려가라 하고 바로가 사람들에게 그의 일을 명하매 그들이 그와 함께 그의 아내와 그의 모든 소유를 보내었더라"(창 12:17~20)

그리스도인들은 하나님 나라와 그 의를 위해 살아가는 사람들입니다.

그러므로 성삼위 하나님의 은혜로 하나님 나라와 그 의를 위해 살아가며 하나님을 영화롭게 하는 우리 모두가 되기를 기도합니다.

창세기 13장 12절

"아브람은 가나안 땅에 거주하였고 롯은 그 지역의 도시들에 머무르며 그 장막을 옮겨 소돔까지 이르렀더라"(개역개정판)

"아브람은 가나안 땅안에 거하였다. 그러나 롯은 그 들의 성읍들에 거하며 그는 소돔까지 장막을 쳤다"(원문직역)

하나님께서는 아브라함과 그의 조카 롯에게 풍성한 복을 주셨습니다.

"아브람이 애굽에서 그와 그의 아내와 모든 소유와 롯과 함께 네게브로 올라가니 아브람에게 가축과 은과 금이 풍부하였더라"(창 13:1~2)

"아브람의 일행 롯도 양과 소와 장막이 있으므로 그 땅이 그들이 동거하기에 넉넉하지 못하였으니 이는 그들의 소유가 많아서 동거할 수 없었음이니라"(창 13:5~6)

롯은 세상의 풍요를 선택했습니다.(창 13:7~13)

"이에 롯이 눈을 들어 요단 지역을 바라본즉 소알까지 온 땅에 물이 넉넉하니 여호와께서 소돔과 고모라를 멸하시기 전이었으므로 여호와의 동산 같고 애굽 땅과 같았더라 그러므로 롯이 요단 온 지역을 택하고 동으로 옮기니 그들이 서로 떠난지라 아브람은 가나안 땅에 거주하였고 롯은 그 지역의 도시들에 머무르며 그 장막을 옮겨 소돔까지 이르렀더라 소돔 사람은 여호와 앞에 악하며 큰 죄인이었더라"(창 13:10~13)

아브라함은 하나님의 언약의 말씀을 믿고 하늘의 영원한 기업인 하나님 나라를 선택했습니다.

"네 앞에 온 땅이 있지 아니하냐 나를 떠나가라 네가 좌하면 나는 우하고 네가 우하면 나는 좌하리라"(창 13:9)

"이는 그가 하나님이 계획하시고 지으실 터가 있는 성을 바랐음이라"(히 11:10)

"그들이 나온 바 본향을 생각하였더라면 돌아갈 기회가 있었으려니와 그들이 이제는 더 나은 본향을 사모하니 곧 하늘에 있는 것이라 이러므로 하나님이 그들의 하나님이라 일컬음 받으심을 부끄러워하지 아니하시고 그들을 위하여 한 성을 예비하셨느니라"(히 11:15~16)

하나님께서는 아브라함의 믿음을 보시고 다시 한번 하나님 나라 언약의 복을 말씀하셨습니다.

"롯이 아브람을 떠난 후에 여호와께서 아브람에게 이르시되 너는 눈을 들어 너 있는 곳에서 북쪽과 남쪽 그리고 동쪽과 서쪽을 바라보라 보이는 땅을 내가 너와 네 자손에게 주리니 영원히 이르리라 내가 네 자손이 땅의 티끌 같게 하리니 사람이 땅의 티끌을 능히 셀 수 있을진대 네 자손도 세리라 너는 일어나 그 땅을 종과 횡으로 두루 다녀 보라 내가 그것을 네게 주리라"(창 13:14~17)

아브라함은 하나님께 감사 예배를 드렸습니다.

"이에 아브람이 장막을 옮겨 헤브론에 있는 마므레 상수리 수풀에 이르러 거주하며 거기서 여호와를 위하여 제단을 쌓았더라"(창 13:18)

그리스도인들은 언약의 말씀을 믿고 하늘의 영원한 기업인 하나님 나라를 소망하고 바라는 자들입니다.

그러므로 성삼위 하나님의 은혜로 하나님 나라 속에서 살아가며 하나님을 영화롭게 하는 우리 모두가 되기를 기도합니다.

창세기 14장 14절

"아브람이 그의 조카가 사로잡혔음을 듣고 집에서 길리고 훈련된 자 삼백십팔 명을 거느리고 단까지 쫓아가서"(개역개정판)

"그리고 아브람은 자기의 조카가 사로잡혔다는 것을 들었다. 그리고 그는 그의 집에서 태어나서 그의 집에서 훈련한 사람들 삼백십팔명을 빼들게 했다. 그리고 그가 단까지 뒤쫓아갔다"(원문직역)

창세기 14장은 아브라함이 가나안 전쟁중에 사로 잡혀간 자신의 조카 롯과 가나안 사람들을 구원하는 말씀입니다.

조카 롯과 가나안 사람들을 구출하는 아브라함은?

첫째, 영혼을 사랑하는 사람입니다.

"도망한 자가 와서 히브리 사람 아브람에게 알리니 그 때에 아브람이 아모리 족속 마므레의 상수리 수풀 근처에 거주하였더라 마므레는 에스골의 형제요 또 아넬의 형제라 이들은 아브람과 동맹한 사람들이더라 아브람이 그의 조카가 사로잡혔음을 듣고 집에서 길리고 훈련된 자 삼백십팔 명을 거느리고 단까지 쫓아가서그와 그의 가신들이 나뉘어 밤에 그들을 쳐부수고 다메섹 왼편 호바까지 쫓아가 모든 빼앗겼던 재물과 자기의 조카 롯과 그의 재물과 또 부녀와 친척을 다 찾아왔더라"(창 14:13~16)

둘째, 예수 그리스도의 모형인 멜기세덱에게 인정받고 축복 받은 사람입니다.

"살렘 왕 멜기세덱이 떡과 포도주를 가지고 나왔으니 그는 지극히 높으신 하나님의 제사장이었더라 그가 아브람에게 축복하여 이르되 천지의 주재이시요 지극히 높으신 하나님이여 아브람에게 복을 주옵소서"(창 14:18~19)

셋째, 예수 그리스도를 예표하는 멜기세덱에게 십일조를 드린 사람입니다.

"너희 대적을 네 손에 붙이신 지극히 높으신 하나님을 찬송할지로다 하매 아브람이 그 얻은 것에서 십분의 일을 멜기세덱에게 주었더라"(창 14:20)

넷째, 하나님만 믿고 의지하는 사람입니다.

"아브람이 소돔 왕에게 이르되 천지의 주재이시요 지극히 높으신 하나님 여호와께 내가 손을 들어 맹세하노니 네 말이 내가 아브람으로 치부하게 하였다 할까 하여 네게 속한 것은 실 한 오라기나 들메끈 한 가닥도 내가 가지지 아니하리라"(창 14:22~23)

다섯째, 바르고 정당한 사람입니다.

"오직 젊은이들이 먹은 것과 나와 동행한 아넬과 에스골과 마므레의 분깃을 제할지니 그들이 그 분깃을 가질 것이니라"(창 14:24)

그리스도인들은 영혼을 사랑하고 예수 그리스도의 품 안에서 하나님께 자신과 자신의 소유권과 경제권을 드리고 바르고 정당하게 행하며 예수 그리스도를 따라 사는 사람들입니다.

그러므로 성삼위 하나님의 은혜로 믿음의 조상인 아브라함을 본받아 살아가며 하나님을 영화롭게 하는 우리 모두가 되기를 기도합니다.

창세기 15장 18절

"그 날에 여호와께서 아브람과 더불어 언약을 세워 이르시되 내가 이 땅을 애굽 강에서부터 그 큰 강 유브라데까지 네 자손에게 주노니"(개역개정판)

"그날에 여호와께서 아브람과 언약을 맺으셨다. 말씀하시기를 내가 너희 후손에게 이 땅을 주겠다. 애굽 강으로부터 그 큰강 유브라데 강까지"(원문직역)

창세기 15장은 아브라함과 언약을 맺으시는 하나님에 대한 말씀입니다.

아브라함과 언약을 맺으시는 하나님은?

첫째, 보호하시는 분입니다.

"이 후에 여호와의 말씀이 환상 중에 아브람에게 임하여 이르시되 아브람아 두려워하지 말라 나는 네 방패요"(창 15:1중)

둘째, 생사화복을 주장하시는 분입니다.

"너의 지극히 큰 상급이니라"(창 15:1하)

셋째, 언약하신 말씀을 신실하게 이행하시는 분입니다.(창 15:2~4)

"여호와의 말씀이 그에게 임하여 이르시되 그 사람이 네 상속자가 아니라 네 몸에서 날 자가 네 상속자가 되리라 하시고"(창 15:4)

"내가 네 자손이 땅의 티끌 같게 하리니 사람이 땅의 티끌을 능히 셀 수 있을진대 네 자손도 세리라"(창 13:16)

넷째, 믿음을 의롭게 여기시는 분입니다.

> "아브람이 여호와를 믿으니 여호와께서 이를 그의 의로 여기시고"(창 15:6)

다섯째, 선택하시는 분입니다.

> "또 그에게 이르시되 나는 이 땅을 네게 주어 소유를 삼게 하려고 너를 갈대아인의 우르에서 이끌어 낸 여호와니라"(창 15:7)

여섯째, 은혜 언약인 구속 언약을 이루시기 위하여 스스로 언약을 맺으시는 분입니다.

> "여호와께서 그에게 이르시되 나를 위하여 삼 년 된 암소와 삼 년 된 암염소와 삼 년 된 숫양과 산비둘기와 집비둘기 새끼를 가져올지니라 아브람이 그 모든 것을 가져다가 그 중간을 쪼개고 그 쪼갠 것을 마주 대하여 놓고 그 새는 쪼개지 아니하였으며 솔개가 그 사체 위에 내릴 때에는 아브람이 쫓았더라 해 질 때에 아브람에게 깊은 잠이 임하고 큰 흑암과 두려움이 그에게 임하였더니 여호와께서 아브람에게 이르시되 너는 반드시 알라 네 자손이 이방에서 객이 되어 그들을 섬기겠고 그들은 사백 년 동안 네 자손을 괴롭히리니 그들이 섬기는 나라를 내가 징벌할지며 그 후에 네 자손이 큰 재물을 이끌고 나오리라 너는 장수하다가 평안히 조상에게로 돌아가 장사될 것이요 네 자손은 사대 만에 이 땅으로 돌아오리니 이는 아모리 족속의 죄악이 아직 가득 차지 아니함이니라 하시더니 해가 져서 어두울 때에 연기 나는 화로가 보이며 타는 횃불이 쪼갠 고기 사이로 지나더라 그 날에 여호와께서 아브람과 더불어 언약을 세워 이르시되 내가 이 땅을 애굽 강에서부터 그 큰 강 유브라데까지 네 자손에게 주노니"(창 15:9~18)

그리스도인은 언약 백성입니다.

하나님의 언약은 스스로 낮아지셔서 일방적으로 맺으신 언약으로 취소되거나 변개되지 않는 절대 언약입니다.

그러므로 성삼위 하나님의 은혜로 언약 말씀에 순종하며 하나님을 영화롭게 하는 우리 모두가 되기를 기도합니다.

창세기 16장 2절

"사래가 아브람에게 이르되 여호와께서 내 출산을 허락하지 아니하셨으니 원하건대 내 여종에게 들어가라 내가 혹 그로 말미암아 자녀를 얻을까 하노라 하매 아브람이 사래의 말을 들으니라"(개역개정판)

"그래서 사라가 아브람에게 말했다. 여호와께서 아이 낳는 것으로부터 저를 닫으셨습니다. 바라건데 당신은 내 여종에게 들어 가세요. 어쩌면 내가 그녀로부터 아이를 얻을 것입니다. 아브람이 사래의 소리를 들었다"(원문직역)

창세기 16장 말씀은 아브라함과 사라의 불신앙을 다루고 있습니다.

바른 신앙은?

첫째, 바르지 못한 생각을 따라가지 않는 것 입니다.

"사래가 아브람에게 이르되 여호와께서 내 출산을 허락하지 아니하셨으니 원하건대 내 여종에게 들어가라 내가 혹 그로 말미암아 자녀를 얻을까 하노라 하매 아브람이 사래의 말을 들으니라"(창 16:2)

둘째, 언약의 말씀을 인내로 견디는 것 입니다.

"아브람의 아내 사래가 그 여종 애굽 사람 하갈을 데려다가 그 남편 아브람에게 첩으로 준 때는 아브람이 가나안 땅에 거주한 지 십 년 후였더라"(창 16:3)

셋째, 겸손한 위치에서 사는 것 입니다.

"아브람이 하갈과 동침하였더니 하갈이 임신하매 그가 자기의 임신함을 알고 그의 여주인을 멸시한지라 사래가 아브람에게 이르되 내가 받는 모욕은 당신이 받아야 옳도다 내가 나의 여종을 당신의 품에 두었거늘 그가 자기의 임신함을 알고 나를 멸시하니 당신과 나 사이에 여호와께서 판단하시기를 원하노라"(창 16:4~5)

넷째, 따뜻한 공의로 행하는 것 입니다.

"아브람이 사래에게 이르되 당신의 여종은 당신의 수중에 있으니 당신의 눈에 좋을 대로 그에게 행하라 하매 사래가 하갈을 학대하였더니 하갈이 사래 앞에서 도망하였더라"(창 16:6)

다섯째, 하나님께서 세우신 질서에 순종하는 것 입니다.

"여호와의 사자가 그에게 이르되 네 여주인에게로 돌아가서 그 수하에 복종하라"(창 16:9)

여섯째, 고통 속에서 절망하지 않고 기도하는 것 입니다.

"여호와의 사자가 또 그에게 이르되 네가 임신하였은즉 아들을 낳으리니 그 이름을 이스마엘이라 하라 이는 여호와께서 네 고통을 들으셨음이니라"(창 16:11)

일곱째, 하나님 이름을 높이는 것 입니다.

"하갈이 자기에게 이르신 여호와의 이름을 나를 살피시는 하나님이라 하였으니 이는 내가 어떻게 여기서 나를 살피시는 하나님을 뵈었는고 함이라 이러므로 그 샘을 브엘라해로이라 불렀으며 그것은 가데스와 베렛 사이에 있더라"(창 16:13`14)

여덟째, 하나님 말씀에 순종하는 것 입니다.

"하갈이 아브람의 아들을 낳으매 아브람이 하갈이 낳은 그 아들을 이름하여 이스마엘이라 하였더라"(창 16:15)

바른 신앙은 하나님께서 그리스도인들에게 주시는 영적 유업입니다.

그러므로 성삼위 하나님의 은혜로 바른 신앙 안에서 살아가며 하나님을 영화롭게 하는 우리 모두가 되기를 기도합니다.

창세기 17장 2절

"내가 내 언약을 나와 너 사이에 두어 너를 크게 번성하게 하리라 하시니"(개역개정판)

"그리고 내가 나와 너 사이에 내 언약을 줄것이다. 그리고 내가 너를 심히 크게 번성하게 할 것이다"(원문직역)

그리스도인들은 언약 백성입니다.

언약 백성은?

첫째, 전능하신 하나님을 믿어야 합니다.

"아브람이 구십구 세 때에 여호와께서 아브람에게 나타나서 그에게 이르시되 나는 전능한 하나님이라"(창 17:1상)

"엘 샤다이"(전능하신 하나님)란 성호는?

"천지의 대 주재로 영원히 존재하시며 스스로 낮아지셔서 하나님의 나라와 교회와 백성들과 거룩한 언약을 맺으시고 그 맺으신 언약을 이루시기 위하여 이 세상에 있는 모든 것을 가지시고 역사하시는 분" 입니다.

둘째, "타밈"(완전, 온전)으로 "할라크"(걷는다, 생활한다)해야 합니다.

'너는 내 앞에서 행하여 완전하라"(창 17:1하)

"타밈"으로 "할라크"하라는 말씀은 죄가 아주 없는 삶을 가르치는 것이 아닌 교리적 성결과 도덕적 성결의 삶을 살 것을 가르치는 말씀입니다.

셋째, 하나님 나라 속에서 살아야 합니다.

"내가 너와 네 후손에게 네가 거류하는 이 땅 곧 가나안 온 땅을 주어 영원한 기업이 되게 하고 나는 그들의 하나님이 되리라 하나님이 또 아브라함에게 이르시되 그런즉 너는 내 언약을 지키고 네 후손도 대대로 지키라"(창 17:8~9)

넷째, 내면적 할례인 거듭남으로 세례를 받고 세례의 신령한 지식 가운데 살아야 합니다.

"너희 중 남자는 다 할례를 받으라 이것이 나와 너희와 너희 후손 사이에 지킬 내 언약이니라 너희는 포피를 베어라 이것이 나와 너희 사이의 언약의 표징이니라 너희의 대대로 모든 남자는 집에서 난 자나 또는 너희 자손이 아니라 이방 사람에게서 돈으로 산 자를 막론하고 난 지 팔 일 만에 할례를 받을 것이라 너희 집에서 난 자든지 너희 돈으로 산 자든지 할례를 받아야 하리니 이에 내 언약이 너희 살에 있어 영원한 언약이 되려니와 할례를 받지 아니한 남자 곧 그 포피를 베지 아니한 자는 백성 중에서 끊어지리니 그가 내 언약을 배반하였음이니라"(창 17:10~14)

다섯째, 하나님 말씀에 순종해야 합니다.(창 17:23~27)

"이에 아브라함이 하나님이 자기에게 말씀하신 대로 이 날에 그 아들 이스마엘과 집에서 태어난 모든 자와 돈으로 산 모든 자 곧 아브라함의 집 사람 중 모든 남자를 데려다가 그 포피를 베었으니 아브라함이 그의 포피를 벤 때는 구십구 세였고 그의 아들 이스마엘이 그의 포피를 벤 때는 십삼 세였더라"(창 17:23~25)

언약 백성의 위치는 하나님 말씀에 순종하는 위치입니다.

그러므로 성삼위 하나님의 은혜로 하나님 말씀에 순종하며 하나님을 영화롭게 하는 우리 모두가 되기를 기도합니다.

창세기 18장 19절

"내가 그로 그 자식과 권속에게 명하여 여호와의 도를 지켜 의와 공도를 행하게 하려고 그를 택하였나니 이는 나 여호와가 아브라함에게 대하여 말한 일을 이루려 함이니라"(개역개정판)

"참으로 내가 그를 알았다. 그리하여 그가 그의 아들들과 그의 뒤에 오는 그의 집에게 명령할 것이다. 그리고 그들이 여호와의 길을 의와 공의로 행함으로 지키게 할 것이다. 그리하여 여호와는 아브라함 위에 그분이 그의 위에 말씀하신 것을 이루어지게 할 것이다"(원문직역)

그리스도인은 의와 공의를 행하며 가르치는 사람입니다.

의와 공의를 행하는 그리스도인은?

첫째, 섬기는 사람입니다.(창 18:1~8)

"여호와께서 마므레의 상수리나무들이 있는 곳에서 아브라함에게 나타나시니라 날이 뜨거울 때에 그가 장막 문에 앉아 있다가 눈을 들어 본즉 사람 셋이 맞은편에 서 있는지라 그가 그들을 보자 곧 장막 문에서 달려나가 영접하며 몸을 땅에 굽혀 이르되 내 주여 내가 주께 은혜를 입었사오면 원하건대 종을 떠나 지나가지 마시옵고 물을 조금 가져오게 하사 당신들의 발을 씻으시고 나무 아래에서 쉬소서 내가 떡을 조금 가져오리니 당신들의 마음을 상쾌하게 하신 후에 지나가소서 당신들이 종에게 오셨음이니이다 그들이 이르되 네 말대로 그리하라"(창 18:1~5)

둘째, 믿음의 사람입니다.(창 18:9~15)

"여호와께 능하지 못한 일이 있겠느냐 기한이 이를 때에 내가 네게로 돌아오리니 사라에게 아들이 있으리라"(창 18:14)

"아브라함이 바랄 수 없는 중에 바라고 믿었으니 이는 네 후손이 이같으리라 하신 말씀대로 많은 민족의 조상이 되게 하려 하심이라 그가 백 세나 되어 자기 몸이 죽은 것 같고 사라의 태가 죽은 것 같음을 알고도믿음이 약하여지지 아니하고 믿음이 없어 하나님의 약속을 의심하지 않고 믿음으로 견고하여져서 하나님께 영광을 돌리며 약속하신 그것을 또한 능히 이루실 줄을 확신하였으니 그러므로 그것이 그에게 의로 여겨졌느니라"(롬 4:18~22)

셋째, 지교회의 지체된 위치에서 예수 그리스도를 온 천하 만방에 전파하는 사람입니다.

"아브라함은 강대한 나라가 되고 천하 만민은 그로 말미암아 복을 받게 될 것이 아니냐"(창 18:18)

넷째, 영혼을 사랑하는 사람입니다.(창 18:20~33)

"그 사람들이 거기서 떠나 소돔으로 향하여 가고 아브라함은 여호와 앞에 그대로 섰더니 아브라함이 가까이 나아가 이르되 주께서 의인을 악인과 함께 멸하려 하시나이까 그 성 중에 의인 오십 명이 있을지라도 주께서 그 곳을 멸하시고 그 오십 의인을 위하여 용서하지 아니하시리이까 주께서 이같이 하사 의인을 악인과 함께 죽이심은 부당하오며 의인과 악인을 같이 하심도 부당하니이다 세상을 심판하시는 이가 정의를 행하실 것이 아니니이까"(창 18:22~25)

그리스도인은 의와 공의를 따라가며 영혼을 사랑하는 사람입니다.

그러므로 성삼위 하나님의 은혜로 영혼들을 사랑하며 하나님을 영화롭게 하는 우리 모두가 되기를 기도합니다.

창세기 19장 29절

"하나님이 그 지역의 성을 멸하실 때 곧 롯이 거주하는 성을 엎으실 때에 하나님이 아브라함을 생각하사 롯을 그 엎으시는 중에서 내보내셨더라"(개역개정판)

"그리고 하나님께서 그 들의 성들을 파괴하실 때 그리고 하나님은 아브라함을 기억하셨다. 그리고 롯이 살았던 그 성들을 뒤엎으실 때 그 가운데에서 롯을 내 보내셨다"(원문직역)

하나님께서 소돔과 고모라를 멸망시키신 이유는?

첫째, 성적 타락이 고착되고 만연된 사회였기 때문입니다.

"그들이 눕기 전에 그 성 사람 곧 소돔 백성들이 노소를 막론하고 원근에서 다 모여 그 집을 에워싸고 롯을 부르고 그에게 이르되 오늘 밤에 네게 온 사람들이 어디 있느냐 이끌어 내라 우리가 그들을 상관하리라"(창 19:4~5)
"내게 남자를 가까이 하지 아니한 두 딸이 있노라 청하건대 내가 그들을 너희에게로 이끌어 내리니 너희 눈에 좋을 대로 그들에게 행하고 이 사람들은 내 집에 들어왔은즉 이 사람들에게는 아무 일도 저지르지 말라"(창 19:8)

"그 밤에 그들이 아버지에게 술을 마시게 하고 큰 딸이 들어가서 그 아버지와 동침하니라 그러나 그 아버지는 그 딸이 눕고 일어나는 것을 깨닫지 못하였더라 이튿날 큰 딸이 작은 딸에게 이르되 어제 밤에는 내가 우리 아버지와 동침하였으니 오늘 밤에도 우리가 아버지에게 술을 마시게 하고 네가 들어가 동침하고 우리가 아버지로 말미암아 후손을 이어가자 하고 그 밤에도 그들이 아버지에게 술을 마시게 하고 작은 딸이 일어나 아버지와 동침하니라 그러나 아버지는 그 딸이 눕고 일어나는 것을 깨닫지 못하였더라 롯의 두 딸이 아버지로 말미암아 임신하고 큰 딸은 아들을 낳아 이름을 모압이라 하였으니 오늘날 모압의 조상이요 작은 딸도 아들을 낳아 이름을 벤암미라 하였으니 오늘날 암몬 자손의 조상이었더라"(창 19:33~38)

둘째, 불법과 폭력이 가득찬 사회였기 때문입니다.

"그들이 이르되 너는 물러나라 또 이르되 이 자가 들어와서 거류하면서 우리의 법관이 되려 하는도다 이제 우리가 그들보다 너를 더 해하리라 하고 롯을 밀치며 가까이 가서 그 문을 부수려고 하는지라"(창 19:9)

셋째, 복음을 소중하게 여기지 않은 사회였기 때문입니다.

"롯이 나가서 그 딸들과 결혼할 사위들에게 말하여 이르기를 여호와께서 이 성을 멸하실 터이니 너희는 일어나 이 곳에서 떠나라 하되 그의 사위들은 농담으로 여겼더라"(창 19:14)

"롯의 아내는 뒤를 돌아보았으므로 소금 기둥이 되었더라"(창 19:26)

하나님께서 롯을 구원하신 이유는?

첫째, 하나님의 자비하심 때문입니다.

"그러나 롯이 지체하매 그 사람들이 롯의 손과 그 아내의 손과 두 딸의 손을 잡아 인도하여 성 밖에 두니 여호와께서 그에게 자비를 더하심이었더라"(창 19:16)

둘째, 아브라함의 기도 때문입니다.(창 18:20~33)

"아브라함이 또 이르되 주는 노하지 마옵소서 내가 이번만 더 아뢰리이다 거기서 십 명을 찾으시면 어찌 하려 하시나이까 이르시되 내가 십 명으로 말미암아 멸하지 아니하리라"(창 18:32)

천상 교회에 갈 때까지 육체의 소욕으로 죄를 짓는 우리들이 멸망하지 않는 이유는 하나님의 인자와 자비와 긍휼의 무궁하심과 예수 그리스도의 중보기도 때문입니다.

그러므로 성삼위 하나님의 은혜로 겸손의 위치에서 살아가며 하나님을 영화롭게 하는 우리 모두가 되기를 기도합니다.

창세기 20장 2절

"그의 아내 사라를 자기 누이라 하였으므로 그랄 왕 아비멜렉이 사람을 보내어 사라를 데려갔더니"(개역개정판)

"그리고 아브라함이 그의 아내 사라에 대하여 그녀는 나의 누이라고 말했다. 그래서 그랄 왕 아비멜렉이 (사람을) 보내어 사라를 취하였다"(원문직역)

사람은 누구나 연약한 존재입니다.

"아비멜렉이 아브라함을 불러서 그에게 이르되 네가 어찌하여 우리에게 이렇게 하느냐 내가 무슨 죄를 네게 범하였기에 네가 나와 내 나라가 큰 죄에 빠질 뻔하게 하였느냐 네가 합당하지 아니한 일을 내게 행하였도다 하고 아비멜렉이 또 아브라함에게 이르되 네가 무슨 뜻으로 이렇게 하였느냐 아브라함이 이르되 이 곳에서는 하나님을 두려워함이 없으니 내 아내로 말미암아 사람들이 나를 죽일까 생각하였음이요 또 그는 정말로 나의 이복 누이로서 내 아내가 되었음이니라 하나님이 나를 내 아버지의 집을 떠나 두루 다니게 하실 때에 내가 아내에게 말하기를 이 후로 우리의 가는 곳마다 그대는 나를 그대의 오라비라 하라 이것이 그대가 내게 베풀 은혜라 하였었노라"(창 20:9~13)

그러나 하나님께서는?

첫째, 의로우신 분입니다.

"그 밤에 하나님이 아비멜렉에게 현몽하시고 그에게 이르시되 네가 데려간 이 여인으로 말미암아 네가 죽으리니 그는 남편이 있는 여자임이라 아비멜렉이 그 여인을 가까이 하지 아니하였으므로 그가 대답하되 주여 주께서 의로운 백성도 멸하시나이까 그가 나에게 이는 내 누이라고 하지 아니하였나이까 그 여인도 그는 내 오라비라 하였사오니 나는 온전한 마음과 깨끗한 손으로 이렇게 하였나이다 하나님이 꿈에 또 그에게 이르시되 네가 온전한 마음으로 이렇게 한 줄을 나도 알았으므로 너를 막아 내게 범죄하지 아니하게 하였나니 여인에게 가까이 하지 못하게 함이 이 때문이니라 이제 그 사람의 아내를 돌려보내라 그는 선지자라 그가 너를 위하여 기도하리니 네가 살려니와 네가 돌려보내지 아니하면 너와 네게 속한 자가 다 반드시 죽을 줄 알지니라 아비멜렉이 그 날 아침에 일찍이 일어나 모든 종들을 불러 그 모든 일을 말하여 들려 주니 그들이 심히 두려워하였더라"(창 20:3~8)

둘째, 은혜를 베푸시는 분입니다.

"아비멜렉이 양과 소와 종들을 이끌어 아브라함에게 주고 그의 아내 사라도 그에게 돌려보내고 아브라함에게 이르되 내 땅이 네 앞에 있으니 네가 보기에 좋은 대로 거주하라 하고 사라에게 이르되 내가 은 천 개를 네 오라비에게 주어서 그것으로 너와 함께 한 여러 사람 앞에서 네 수치를 가리게 하였노니 네 일이 다 해결되었느니라"(창 20:14~16)

셋째, 기도에 응답하여 주시는 분입니다.

"아브라함이 하나님께 기도하매 하나님이 아비멜렉과 그의 아내와 여종을 치료하사 출산하게 하셨으니 여호와께서 이왕에 아브라함의 아내 사라의 일로 아비멜렉의 집의 모든 태를 닫으셨음이더라"(창 20:17~18)

하나님께서는 연약한 그리스도인들을 부성적 사랑으로 돌보아 주시고 은혜를 베풀어 주시는 분입니다.

그러므로 성삼위 하나님의 은혜로 하나님을 더욱 더 사랑하며 영화롭게 하는 우리 모두가 되기를 기도합니다.

창세기 21장 33절

"아브라함은 브엘세바에 에셀 나무를 심고 거기서 영원하신 여호와의 이름을 불렀으며"(개역개정판)

"아브라함은 에셀나무를 브엘세바에 심었다. 그리고 그는 거기서 여호와의 이름을 영원하신 하나님 이라 불렀다"(원문직역)

아브라함에게 이삭을 주시고 아비멜렉과 평화의 언약을 맺게 하시는 하나님은?

첫째, 언약을 신실하게 이행하시는 분입니다.(창 21:1~7)

"여호와께서 말씀하신 대로 사라를 돌보셨고 여호와께서 말씀하신 대로 사라에게 행하셨으므로 사라가 임신하고 하나님이 말씀하신 시기가 되어 노년의 아브라함에게 아들을 낳으니 아브라함이 그에게 태어난 아들 곧 사라가 자기에게 낳은 아들을 이름하여 이삭이라 하였고 그 아들 이삭이 난 지 팔 일 만에 그가 하나님이 명령하신 대로 할례를 행하였더라"(창 21:1~4)

둘째, 하나님 나라 유업을 택한 백성들에게만 주시는 분입니다.(창 21:8~ 12)

"아브라함이 그의 아들로 말미암아 그 일이 매우 근심이 되었더니 하나님이 아브라함에게 이르시되 네 아이나 네 여종으로 말미암아 근심하지 말고 사라가 네게 이른 말을 다 들으라 이삭에게서 나는 자라야 네 씨라 부를 것임이니라"(창 21:11~12)

셋째, 긍휼을 베풀어 주시는 분입니다.(창 21:13~21)

"하나님이 그 어린 아이의 소리를 들으셨으므로 하나님의 사자가 하늘에서부터 하갈을 불러 이르시되 하갈아 무슨 일이냐 두려워하지 말라 하나님이 저기 있는 아이의 소리를 들으셨나니 일어나 아이를 일으켜 네 손으로 붙들라 그가 큰 민족을 이루게 하리라 하시니라 하나님이 하갈의 눈을 밝히셨으므로 샘물을 보고 가서 가죽부대에 물을 채워다가 그 아이에게 마시게 하였더라"(창 21:17~19)

넷째, 베풀어 주시는 은혜가 영원하신 분입니다.(창 21:22~34)

"아브라함은 브엘세바에 에셀 나무를 심고 거기서 영원하신 여호와의 이름을 불렀으며 그가 블레셋 사람의 땅에서 여러 날을 지냈더라"(창 21:33~34)

"엘 올람"(영생하신 하나님, 영원하신 하나님)이란 성호의 의미는?

"천지의 대주재로 영원히 존재하시며 스스로 낮아지셔서 당신의 나라와 교회와 백성들과 언약을 맺으시고 그 맺으신 언약을 이루시기 위하여 베풀어 주시는 은혜가 영원하신 분" 입니다.

그러므로 성삼위 하나님의 은혜로 영생하시는 하나님을 믿으며 하나님을 영화롭게 하는 우리 모두가 되기를 기도합니다.

창세기 22장 14절

"아브라함이 그 땅 이름을 여호와 이레라 하였으므로 오늘날까지 사람들이 이르기를 여호와의 산에서 준비되리라 하더라"(개역개정판)

"그리고 아브라함은 그 장소의 이름을 아도나이 이르에 라고 불렀다. 그리하여 오늘날도 사람들은 여호와의 산에서 준비될 것이다 라고 말한다"(원문직역)

하나님께서는 아브라함을 시험하시기 위해 이삭을 번제로 드리라고 말씀하셨습니다.

"그 일 후에 하나님이 아브라함을 시험하시려고 그를 부르시되 아브라함아 하시니 그가 이르되 내가 여기 있나이다 여호와께서 이르시되 네 아들 네 사랑하는 독자 이삭을 데리고 모리아 땅으로 가서 내가 네게 일러 준 한 산 거기서 그를 번제로 드리라"(창 22:1~2)

아브라함은 시험을 통과 했습니다.

아브라함이 시험을 통과 할 수 있었던 이유는?

첫째, 하나님 말씀에 순종하는 믿음 때문입니다.

"아브라함이 아침에 일찍이 일어나 나귀에 안장을 지우고 두 종과 그의 아들 이삭을 데리고 번제에 쓸 나무를 쪼개어 가지고 떠나 하나님이 자기에게 일러 주신 곳으로 가더니"(창 22:3)

"하나님이 그에게 일러 주신 곳에 이른지라 이에 아브라함이 그 곳에 제단을 쌓고 나무를 벌여 놓고 그의 아들 이삭을 결박하여 제단 나무 위에 놓고 손을 내밀어 칼을 잡고 그 아들을 잡으려 하니"(창 22:9~10)

둘째, 부활 신앙 때문입니다.

"이에 아브라함이 종들에게 이르되 너희는 나귀와 함께 여기서 기다리라 내가 아이와 함께 저기 가서 예배하고 우리가 너희에게로 돌아오리라 하고"(창 22:5)

"아브라함은 시험을 받을 때에 믿음으로 이삭을 드렸으니 그는 약속들을 받은 자로되 그 외아들을 드렸느니라 그에게 이미 말씀하시기를 네 자손이라 칭할 자는 이삭으로 말미암으리라 하셨으니 그가 하나님이 능히 이삭을 죽은 자 가운데서 다시 살리실 줄로 생각한지라 비유컨대 그를 죽은 자 가운데서 도로 받은 것이니라"(히 11:17~19)

셋째, 하나님을 경외하는 신앙 때문입니다.

"사자가 이르시되 그 아이에게 네 손을 대지 말라 그에게 아무 일도 하지 말라 네가 네 아들 네 독자까지도 내게 아끼지 아니하였으니 내가 이제야 네가 하나님을 경외하는 줄을 아노라"(창 22:12)

시험을 통과한 아브라함에게는?

첫째, "아도나이 이르에"(여호와 이레)라는 성호의 은총을 주셨습니다.

"아브라함이 눈을 들어 살펴본즉 한 숫양이 뒤에 있는데 뿔이 수풀에 걸려 있는지라 아브라함이 가서 그 숫양을 가져다가 아들을 대신하여 번제로 드렸더라 아브라함이 그 땅 이름을 여호와 이레라 하였으므로 오늘날까지 사람들이 이르기를 여호와의 산에서 준비되리라 하더라"(창 22:13~14)

"아도나이 이르에"(여호와 이레)란 성호의 의미는?

"천지의 대주재로 영원히 존재하시며 스스로 낮아지셔서 당신의 나라와 교회와 백성들과 거룩한 언약을 맺으시고 그 맺으신 언약을 이루시기 위하여 살펴보시고 필요한 모든 것을을 준비하시는 하나님" 입니다.

둘째, 은혜 언약에 대한 확신을 주셨습니다.

> "여호와의 사자가 하늘에서부터 두 번째 아브라함을 불러 이르시되 여호와께서 이르시기를 내가 나를 가리켜 맹세하노니 네가 이같이 행하여 네 아들 네 독자도 아끼지 아니하였은즉 내가 네게 큰 복을 주고 네 씨가 크게 번성하여 하늘의 별과 같고 바닷가의 모래와 같게 하리니 네 씨가 그 대적의 성문을 차지하리라 또 네 씨로 말미암아 천하 만민이 복을 받으리니 이는 네가 나의 말을 준행하였음이니라 하셨다 하니라"(창 22:15~18)

셋째, 이삭의 아내 리브가를 준비시켜 주셨습니다.(창 22:20~24)

> "이 여덟 사람은 아브라함의 형제 나홀의 아내 밀가의 소생이며 브두엘은 리브가를 낳았고"(창 22:23)

아브라함은 전적인 하나님의 은혜로 시험을 통과했습니다.

그러므로 성삼위 하나님의 은혜로 시험을 통과하며 하나님을 영화롭게 하는 우리 모두가 되기를 기도합니다.

창세기 23장 2절

"사라가 가나안 땅 헤브론 곧 기럇아르바에서 죽으매 아브라함이 들어가서 사라를 위하여 슬퍼하며 애통하다가"(개역개정판)

"그리고 사라가 가나안 땅에 있는 기럇아르바에서 그곳은 헤브론이다 죽었다. 그리고 아브라함이 들어가서 사라를 위해 애통했다. 그리고 울었다"(원문직역)

아브라함은 127세에 소천한 자신의 아내 사라를 위하여 애통했습니다. 부활의 소망을 가진 아브라함의 슬픔은 거기까지 입니다.

"형제들아 자는 자들에 관하여는 너희가 알지 못함을 우리가 원하지 아니하노니 이는 소망 없는 다른 이와 같이 슬퍼하지 않게 하려 함이라 우리가 예수께서 죽으셨다가 다시 살아나심을 믿을진대 이와 같이 예수 안에서 자는 자들도 하나님이 그와 함께 데리고 오시리라 우리가 주의 말씀으로 너희에게 이것을 말하노니 주께서 강림하실 때까지 우리 살아 남아 있는 자도 자는 자보다 결코 앞서지 못하리라 주께서 호령과 천사장의 소리와 하나님의 나팔 소리로 친히 하늘로부터 강림하시리니 그리스도 안에서 죽은 자들이 먼저 일어나고 그 후에 우리 살아 남은 자들도 그들과 함께 구름 속으로 끌어 올려 공중에서 주를 영접하게 하시리니 그리하여 우리가 항상 주와 함께 있으리라 그러므로 이러한 말로 서로 위로하라"(살전 4:13~18)

이후에, 아브라함은?

첫째, 신속히 매장지를 찾았습니다.(창 23:3~9)

"그 시신 앞에서 일어나 나가서 헷 족속에게 말하여 이르되 나는 당신들 중에 나그네요 거류하는 자이니 당신들 중에서 내게 매장할 소유지를 주어 내가 나의 죽은 자를 내 앞에서 내어다가 장사하게 하시오"(창 23:3~4)

둘째, 정당한 값으로 매장지를 사서 장례식을 치루었습니다.(창 23:10~20)

> “아브라함이 에브론의 말을 따라 에브론이 헷 족속이 듣는 데서 말한 대로 상인이 통용하는 은 사백 세겔을 달아 에브론에게 주었더니 마므레 앞 막벨라에 있는 에브론의 밭 곧 그 밭과 거기에 속한 굴과 그 밭과 그 주위에 둘린 모든 나무가 성문에 들어온 모든 헷 족속이 보는 데서 아브라함의 소유로 확정된지라 그 후에 아브라함이 그 아내 사라를 가나안 땅 마므레 앞 막벨라 밭 굴에 장사하였더라 (마므레는 곧 헤브론이라) 이와 같이 그 밭과 거기에 속한 굴이 헷 족속으로부터 아브라함이 매장할 소유지로 확정되었더라”(창 23:16~20)

아브라함은 천국 소망을 갖고 장례식을 치렀습니다.

그러므로 성삼위 하나님의 은혜로 천국 소망을 가지고 살아가며 하나님을 영화롭게 하는 우리 모두가 되기를 기도합니다.

창세기 24장 3절

"내가 너에게 하늘의 하나님, 땅의 하나님이신 여호와를 가리켜 맹세하게 하노니 너는 내가 거주하는 이 지방 가나안 족속의 딸 중에서 내 아들을 위하여 아내를 택하지 말고"(개역개정판)

"그리고 내가 너로 그 하늘의 하나님과 그 땅의 하나님인 여호와를 위하여 맹세하게 할 것이다. 너는 내가 살고 있는 이곳 그 가나안 족속의 딸들로부터 내 아들을 위한 여자를 취하지 말라"(원문직역)

그리스도인의 결혼은?

첫째, 불신자와 결혼해서는 안됩니다.

"내가 너에게 하늘의 하나님, 땅의 하나님이신 여호와를 가리켜 맹세하게 하노니 너는 내가 거주하는 이 지방 가나안 족속의 딸 중에서 내 아들을 위하여 아내를 택하지 말고 내 고향 내 족속에게로 가서 내 아들 이삭을 위하여 아내를 택하라"(창 24:2~3)

"너희는 믿지 않는 자와 멍에를 함께 메지 말라 의와 불법이 어찌 함께 하며 빛과 어둠이 어찌 사귀며 그리스도와 벨리알이 어찌 조화되며 믿는 자와 믿지 않는 자가 어찌 상관하며 하나님의 성전과 우상이 어찌 일치가 되리요 우리는 살아 계신 하나님의 성전이라 이와 같이 하나님께서 이르시되 내가 그들 가운데 거하며 두루 행하여 나는 그들의 하나님이 되고 그들은 나의 백성이 되리라"(고후 6:14~16)

둘째, 하나님 나라와 의를 위하여 결혼해야 합니다.

"종이 이르되 여자가 나를 따라 이 땅으로 오려고 하지 아니하거든 내가 주인의 아들을 주인이 나오신 땅으로 인도하여 돌아가리이까 아브라함이 그에게 이르되 내 아들을 그리로 데리고 돌아가지 아니하도록 하라 하늘의 하나님 여호와께서 나를 내 아버지의 집과 내 고향 땅에서 떠나게 하시고 내게 말씀하시며 내게 맹세하여 이르시기를 이 땅을 네 씨에게 주리라 하셨으니 그가 그 사자를 너보다 앞서 보내실지라 네가 거기서 내 아들을 위하여 아내를 택할지니라"(창 24:5~7)

셋째, 기도와 은혜가운데 결혼해야 합니다.

"그가 이르되 우리 주인 아브라함의 하나님 여호와여 원하건대 오늘 나에게 순조롭게 만나게 하사 내 주인 아브라함에게 은혜를 베푸시옵소서 성 중 사람의 딸들이 물 길으러 나오겠사오니 내가 우물 곁에 서 있다가 한 소녀에게 이르기를 청하건대 너는 물동이를 기울여 나로 마시게 하라 하리니 그의 대답이 마시라 내가 당신의 낙타에게도 마시게 하리라 하면 그는 주께서 주의 종 이삭을 위하여 정하신 자라 이로 말미암아 주께서 내 주인에게 은혜 베푸심을 내가 알겠나이다"(창 24:12~14)

넷째, 하나님의 작정과 섭리가운데 결혼해야 합니다.(창 24:15~67)

"이에 그 사람이 머리를 숙여 여호와께 경배하고 이르되 나의 주인 아브라함의 하나님 여호와를 찬송하나이다 나의 주인에게 주의 사랑과 성실을 그치지 아니하셨사오며 여호와께서 길에서 나를 인도하사 내 주인의 동생 집에 이르게 하셨나이다 하니라"(창 24:26~27)

"내 주인 아브라함의 하나님 여호와께서 나를 바른 길로 인도하사 나의 주인의 동생의 딸을 그의 아들을 위하여 택하게 하셨으므로 내가 머리를 숙여 그에게 경배하고 찬송하였나이다"(창 24:48)

그리스도인의 결혼은 하나님 영광과 하나님 나라와 그 의를 드러내기 위해 하는 것 입니다.

그러므로 성삼위 하나님의 은혜로 바른 결혼을 하며 하나님을 영화롭게 하는 우리 모두가 되기를 기도합니다.

창세기 25장 23절

"여호와께서 그에게 이르시되 두 국민이 네 태중에 있구나 두 민족이 네 복중에서부터 나누이리라 이 족속이 저 족속보다 강하겠고 큰 자가 어린 자를 섬기리라 하셨더라"(개역개정판)

"그리고 여호와께서 그녀에게 말씀하셨다. 두 민족이 네 뱃속에 있다. 그리고 두 백성이 너의 태중에서부터 나뉘어질 것이다. 그리고 한 백성이 다른 백성보다 강하게될 것이다. 그리고 큰 자가 작은 자를 섬길 것이다"(원문직역)

그리스도인은 하나님 나라를 유업으로 물려받는 상속자입니다.

그리스도인은 하나님 나라를?

첫째, 하나님의 선택적 은혜로 유업과 기업으로 물려 받습니다.

"이삭이 그의 아내가 임신하지 못하므로 그를 위하여 여호와께 간구하매 여호와께서 그의 간구를 들으셨으므로 그의 아내 리브가가 임신하였더니 그 아들들이 그의 태 속에서 서로 싸우는지라 그가 이르되 이럴 경우에는 내가 어찌할꼬 하고 가서 여호와께 묻자온대 여호와께서 그에게 이르시되 두 국민이 네 태중에 있구나 두 민족이 네 복중에서부터 나누이리라 이 족속이 저 족속보다 강하겠고 큰 자가 어린 자를 섬기리라 하셨더라"(창 25:21~23)

"그 자식들이 아직 나지도 아니하고 무슨 선이나 악을 행하지 아니한 때에 택하심을 따라 되는 하나님의 뜻이 행위로 말미암지 않고 오직 부르시는 이로 말미암아 서게 하려 하사 리브가에게 이르시되 큰 자가 어린 자를 섬기리라 하셨나니 기록된 바 내가 야곱은 사랑하고 에서는 미워하였다 하심과 같으니라 그런즉 우리가 무슨 말을 하리요 하나님께 불의가 있느냐 그럴 수 없느니라 모세에게 이르시되 내가 긍휼히 여길 자를 긍휼히 여기고 불쌍히 여길 자를 불쌍히 여기리라 하셨으니 그런즉 원하는 자로 말미암음도 아니요 달음박질하는 자로 말미암음도 아니요 오직 긍휼히 여기시는 하나님으로 말미암음이니라 성경이 바로에게 이르시되 내가 이 일을 위하여 너를 세웠으니 곧 너로 말미암아 내 능력을 보이고 내 이름이 온 땅에 전파되게 하려 함이라 하셨으니 그런즉 하나님께서 하고자 하시는 자를 긍휼히 여기시고 하고자 하시는 자를 완악하게 하시느니라"(롬 9:11~18)

둘째, 하나님 나라를 목숨보다 소중히 여깁니다.

"야곱이 이르되 형의 장자의 명분을 오늘 내게 팔라 에서가 이르되 내가 죽게 되었으니 이 장자의 명분이 내게 무엇이 유익하리요 야곱이 이르되 오늘 내게 맹세하라 에서가 맹세하고 장자의 명분을 야곱에게 판지라 야곱이 떡과 팥죽을 에서에게 주매 에서가 먹으며 마시고 일어나 갔으니 에서가 장자의 명분을 가볍게 여김이었더라"(창 25:31~34)

"너희는 하나님의 은혜에 이르지 못하는 자가 없도록 하고 또 쓴 뿌리가 나서 괴롭게 하여 많은 사람이 이로 말미암아 더럽게 되지 않게 하며 음행하는 자와 혹 한 그릇 음식을 위하여 장자의 명분을 판 에서와 같이 망령된 자가 없도록 살피라 너희가 아는 바와 같이 그가 그 후에 축복을 이어받으려고 눈물을 흘리며 구하되 버린 바가 되어 회개할 기회를 얻지 못하였느니라"(창 25:31~34)

그리스도인은 하나님 나라를 목숨보다 소중하게 여기는 사람들입니다.

그러므로 성삼위 하나님의 은혜로 하나님 나라 속에서 살아가며 하나님을 영화롭게 하는 우리 모두가 되기를 기도합니다.

창세기 26장 2절

"여호와께서 이삭에게 나타나 이르시되 애굽으로 내려가지 말고 내가 네게 지시하는 땅에 거주하라"(개역개정판)

"여호와께서 그에게 나타나셔서 말씀하셨다. 너는 애굽으로 내려가지 말라. 너는 내가 네게 말하는 그 땅안에 거주하라"(원문직역)

그리스도인은?

첫째, 하나님 나라 속에 거주하는 사람들입니다.

"아브라함 때에 첫 흉년이 들었더니 그 땅에 또 흉년이 들매 이삭이 그랄로 가서 블레셋 왕 아비멜렉에게 이르렀더니 여호와께서 이삭에게 나타나 이르시되 애굽으로 내려가지 말고 내가 네게 지시하는 땅에 거주하라"(창 26:1~2)

둘째, 영생의 복을 누리며 사는 사람들입니다.

"이 땅에 거류하면 내가 너와 함께 있어 네게 복을 주고 내가 이 모든 땅을 너와 네 자손에게 주리라 내가 네 아버지 아브라함에게 맹세한 것을 이루어 네 자손을 하늘의 별과 같이 번성하게 하며 이 모든 땅을 네 자손에게 주리니 네 자손으로 말미암아 천하 만민이 복을 받으리라"(창 26:3~4)

셋째, 하나님 말씀에 순종하며 사는 사람들입니다.

"이는 아브라함이 내 말을 순종하고 내 명령과 내 계명과 내 율례와 내 법도를 지켰음이라 하시니라"(창 26:5)

넷째, 하나님의 보호를 받고 사는 사람들입니다.(창 26:6~11)

"아비멜렉이 이에 모든 백성에게 명하여 이르되 이 사람이나 그의 아내를 범하는 자는 죽이리라 하였더라"(창 26:11)

다섯째, 축복과 고난을 함께 받는 사람들입니다.(창 26:12~24)

"이삭이 거기서 옮겨 다른 우물을 팠더니 그들이 다투지 아니하였으므로 그 이름을 르호봇이라 하여 이르되 이제는 여호와께서 우리를 위하여 넓게 하셨으니 이 땅에서 우리가 번성하리로다 하였더라 이삭이 거기서부터 브엘세바로 올라갔더니 그 밤에 여호와께서 그에게 나타나 이르시되 나는 네 아버지 아브라함의 하나님이니 두려워하지 말라 내 종 아브라함을 위하여 내가 너와 함께 있어 네게 복을 주어 네 자손이 번성하게 하리라 하신지라"(창 26:22~24)

여섯째, 하나님께 예배 드리는 사람들입니다.

"이삭이 그 곳에 제단을 쌓고, 여호와의 이름을 부르며 거기 장막을 쳤더니 이삭의 종들이 거기서도 우물을 팠더라"(창 26:26)

일곱째, 모든 사람과 화평을 맺는 사람들입니다.(창 26:27~33)

"이삭이 그들을 위하여 잔치를 베풀매 그들이 먹고 마시고 아침에 일찍이 일어나 서로 맹세한 후에 이삭이 그들을 보내매 그들이 평안히 갔더라"(창 26:30~31)
"아무에게도 악을 악으로 갚지 말고 모든 사람 앞에서 선한 일을 도모하라 할 수 있거든 너희로서는 모든 사람과 더불어 화목하라"(롬 12:17~18)

여덟째, 불신자와 멍에를 함께 지는 사람들이 아닙니다.

"에서가 사십 세에 헷 족속 브에리의 딸 유딧과 헷 족속 엘론의 딸 바스맛을 아내로 맞이하였더니 그들이 이삭과 리브가의 마음에 근심이 되었더라"(창 26:34~35)

그리스도인들은 하나님만을 자신의 기업으로 삼는 사람들입니다.

그러므로 성삼위 하나님의 은혜로 그리스도인의 바른 위치에서 살아가며 하나님을 영화롭게 하는 우리 모두가 되기를 기도합니다.

창세기 27장 30절

"이삭이 야곱에게 축복하기를 마치매 야곱이 그의 아버지 이삭 앞에서 나가자 곧 그의 형 에서가 사냥하여 돌아온지라"(개역개정판)

"그리고 이삭이 야곱을 축복하기를 마친 후 야곱은 그의 아버지 이삭 앞에서 막 나갔다. 그리고 그의 형 에서가 그의 사냥으로부터 돌아왔다"(원문직역)

하나님의 뜻을 무시한 이삭의 완고한 결정에 반대하여 리브가와 야곱이 계략을 꾸며 장자권을 획득합니다.(창 27:1~24)

"이삭이 나이가 많아 눈이 어두워 잘 보지 못하더니 맏아들 에서를 불러 이르되 내 아들아 하매 그가 이르되 내가 여기 있나이다 하니 이삭이 이르되 내가 이제 늙어 어느 날 죽을는지 알지 못하니 그런즉 네 기구 곧 화살통과 활을 가지고 들에 가서 나를 위하여 사냥하여 내가 즐기는 별미를 만들어 내게로 가져와서 먹게 하여 내가 죽기 전에 내 마음껏 네게 축복하게 하라"(창 27:1~4)

"야곱이 그 어머니 리브가에게 이르되 내 형 에서는 털이 많은 사람이요 나는 매끈매끈한 사람인즉 아버지께서 나를 만지실진대 내가 아버지의 눈에 속이는 자로 보일지라 복은 고사하고 저주를 받을까 하나이다 어머니가 그에게 이르되 내 아들아 너의 저주는 내게로 돌리리니 내 말만 따르고 가서 가져오라 그가 가서 끌어다가 어머니에게로 가져왔더니 그의 어머니가 그의 아버지가 즐기는 별미를 만들었더라"(창 27:11~14)

야곱의 장자권은?

첫째, 하나님의 작정입니다.

"그 아들들이 그의 태 속에서 서로 싸우는지라 그가 이르되 이럴 경우에는 내가 어찌할꼬 하고 가서 여호와께 묻자온대 여호와께서 그에게 이르시되 두 국민이 네 태중에 있구나 두 민족이 네 복중에서부터 나누이리라 이 족속이 저 족속보다 강하겠고 큰 자가 어린 자를 섬기리라 하셨더라"(창 25:22~23)

둘째, 하나님의 주권적 섭리입니다.

"이삭이 이르되 내게로 가져오라 내 아들이 사냥한 고기를 먹고 내 마음껏 네게 축복하리라 야곱이 그에게로 가져가매 그가 먹고 또 포도주를 가져가매 그가 마시고 그의 아버지 이삭이 그에게 이르되 내 아들아 가까이 와서 내게 입맞추라 그가 가까이 가서 그에게 입맞추니 아버지가 그의 옷의 향취를 맡고 그에게 축복하여 이르되 내 아들의 향취는 여호와께서 복 주신 밭의 향취로다 하나님은 하늘의 이슬과 땅의 기름짐이며 풍성한 곡식과 포도주를 네게 주시기를 원하노라 만민이 너를 섬기고 열국이 네게 굴복하리니 네가 형제들의 주가 되고 네 어머니의 아들들이 네게 굴복하며 너를 저주하는 자는 저주를 받고 너를 축복하는 자는 복을 받기를 원하노라"(창 27:25~29)

셋째, 에서의 포기입니다.

"야곱이 죽을 쑤었더니 에서가 들에서 돌아와서 심히 피곤하여 야곱에게 이르되 내가 피곤하니 그 붉은 것을 내가 먹게 하라 한지라 그러므로 에서의 별명은 에돔이더라 야곱이 이르되 형의 장자의 명분을 오늘 내게 팔라 에서가 이르되 내가 죽게 되었으니 이 장자의 명분이 내게 무엇이 유익하리요 야곱이 이르되 오늘 내게 맹세하라 에서가 맹세하고 장자의 명분을 야곱에게 판지라 야곱이 떡과 팥죽을 에서에게 주매 에서가 먹으며 마시고 일어나 갔으니 에서가 장자의 명분을 가볍게 여김이었더라"(창 25:29~34)

"에서가 사십 세에 헷 족속 브에리의 딸 유딧과 헷 족속 엘론의 딸 바스맛을 아내로 맞이하였더니 그들이 이삭과 리브가의 마음에 근심이 되었더라"(창 26:34~35)

하나님의 작정과 예정과 섭리는 인간의 죄와 행위를 넘어섭니다.(창 27:30~40)

"에서가 아버지에게 이르되 내 아버지여 아버지가 빌 복이 이 하나 뿐이리이까 내 아버지여 내게 축복하소서 내게도 그리하소서 하고 소리를 높여 우니 그 아버지 이삭이 그에게 대답하여 이르되 네 주소는 땅의 기름짐에서 멀고 내리는 하늘 이슬에서 멀 것이며 너는 칼을 믿고 생활하겠고 네 아우를 섬길 것이며 네가 매임을 벗을 때에는 그 멍에를 네 목에서 떨쳐버리리라 하였더라"(창 27:38~40)

그리스도인들은 하나님 나라를 자기 목숨보다 소중하게 여기는 사람들입니다.

그러므로 성삼위 하나님의 은혜로 하나님 나라 속에서 살아가며 하나님을 영화롭게 하는 우리 모두가 되기를 기도합니다.

창세기 28장 19절

"그 곳 이름을 벧엘이라 하였더라 이 성의 옛 이름은 루스더라"(개역개정판)

"그리고 그가 그 장소의 이름을 벧엘이라 불렀다. 그리고 그 성의 이전 이름은 루스였다"(원문직역)

야곱은 하나님 나라를 위하여 부모의 명으로 밧단아람으로 갔습니다.(창 28:1~7)

"이삭이 야곱을 불러 그에게 축복하고 또 당부하여 이르되 너는 가나안 사람의 딸들 중에서 아내를 맞이하지 말고 일어나 밧단아람으로 가서네 외조부 브두엘의 집에 이르러 거기서 네 외삼촌 라반의 딸 중에서 아내를 맞이하라 전능하신 하나님이 네게 복을 주시어 네가 생육하고 번성하게 하여 네가 여러 족속을 이루게 하시고 아브라함에게 허락하신 복을 네게 주시되 너와 너와 함께 네 자손에게도 주사 하나님이 아브라함에게 주신 땅 곧 네가 거류하는 땅을 네가 차지하게 하시기를 원하노라"(창 28:1~4)

야곱은 밧단아람인 하란으로 가는 도중 벧엘에서 신령한 은혜를 받았습니다.

첫째, 예수 그리스도를 표상하는 사닥다리의 은총을 받았습니다.

"야곱이 브엘세바에서 떠나 하란으로 향하여 가더니 한 곳에 이르러는 해가 진지라 거기서 유숙하려고 그 곳의 한 돌을 가져다가 베개로 삼고 거기 누워 자더니 꿈에 본즉 사닥다리가 땅 위에 서 있는데 그 꼭대기가 하늘에 닿았고 또 본즉 하나님의 사자들이 그 위에서 오르락 내리락 하고"(창 28:10~12)

"또 이르시되 진실로 진실로 너희에게 이르노니 하늘이 열리고 하나님의 사자들이 인자 위에 오르락 내리락 하는 것을 보리라 하시니라"(요 1:51)

둘째, 아브라함과 동일한 복을 받았습니다.

"또 본즉 여호와께서 그 위에 서서 이르시되 나는 여호와니 너의 조부 아브라함의 하나님이요 이삭의 하나님이라 네가 누워 있는 땅을 내가 너와 네 자손에게 주리니 네 자손이 땅의 티끌 같이 되어 네가 서쪽과 동쪽과 북쪽과 남쪽으로 퍼져나갈지며 땅의 모든 족속이 너와 네 자손으로 말미암아 복을 받으리라 내가 너와 함께 있어 네가 어디로 가든지 너를 지키며 너를 이끌어 이 땅으로 돌아오게 할지라 내가 네게 허락한 것을 다 이루기까지 너를 떠나지 아니하리라 하신지라"(창 28:13~15)

야곱은 아브라함과 동일하게 하나님 나라 왕이시고 중심되시는 예수 그리스도의 대속 사역과 부활하심과 영화로움이라는 거룩한 구원의 경륜을 온 천하 만방에 선포하는 복을 받았습니다.

하늘의 영원한 기업인 하나님 나라 복을 받은 그리스도인들은?

첫째, 삼위일체 하나님을 자신의 주인으로 모시는 사람들입니다.

"여호와께서 나의 하나님이 되실 것이요"(창 28:21하)

둘째, 교회를 받들어 섬기고 세워나가는 사람들입니다.

"내가 기둥으로 세운 이 돌이 하나님의 집이 될 것이요 하나님께서 내게 주신 모든 것에서 십분의 일을 내가 반드시 하나님께 드리겠나이다 하였더라"(창 28:22)

그리스도인들은 교회를 통하여 하나님 나라를 드러내고 자신 삶의 모든 영역에서 하나님 나라를 드러내는 사람들입니다.

그러므로 성삼위 하나님의 은혜로 하나님 나라를 드러내며 하나님을 영화롭게 하는 우리 모두가 되기를 기도합니다.

창세기 29장 25절

"야곱이 아침에 보니 레아라 라반에게 이르되 외삼촌이 어찌하여 내게 이같이 행하셨나이까 내가 라헬을 위하여 외삼촌을 섬기지 아니하였나이까 외삼촌이 나를 속이심은 어찌됨이니이까"(개역개정판)

"그리고 그 아침이었다 그런데 보라 그녀는 레아였다. 그러자 그는 라반에게 말했다. 당신이 내게 행하신 이것이 무엇입니까? 제가 당신에게 봉사한 것이 라헬을 위한 것이 아닙니까? 그런데 어찌하여 당신은 저를 속였습니까?"(원문직역)

하나님께서는 스스로 낮아지셔서 아브라함과 맺은 은혜 언약을 이루시기 위해 이스라엘의 12지파(구약교회)를 형성하는 야곱의 결혼을 창세기 29장에서 다루고 있습니다.

야곱의 결혼에서 가르치시는 하나님은?

첫째, 인도하시는 분입니다.(창 29:1~14)

"야곱이 그들에게 이르되 내 형제여 어디서 왔느냐 그들이 이르되 하란에서 왔노라 야곱이 그들에게 이르되 너희가 나홀의 손자 라반을 아느냐 그들이 이르되 아노라 야곱이 그들에게 이르되 그가 평안하냐 이르되 평안하니라 그의 딸 라헬이 지금 양을 몰고 오느니라"(창 29:4~6)

"그가 라헬에게 입맞추고 소리 내어 울며 그에게 자기가 그의 아버지의 생질이요 리브가의 아들 됨을 말하였더니 라헬이 달려가서 그 아버지에게 알리매 라반이 그의 생질 야곱의 소식을 듣고 달려와서 그를 영접하여 안고 입맞추며 자기 집으로 인도하여 들이니 야곱이 자기의 모든 일을 라반에게 말하매 라반이 이르되

너는 참으로 내 혈육이로다 하였더라 야곱이 한 달을 그와 함께 거주하더니"(창 29:11~14)

둘째, 주권적 섭리로 역사하시는 분입니다.(창 29:15~30)

"야곱이 아침에 보니 레아라 라반에게 이르되 외삼촌이 어찌하여 내게 이같이 행하셨나이까 내가 라헬을 위하여 외삼촌을 섬기지 아니하였나이까 외삼촌이 나를 속이심은 어찌됨이니이까 라반이 이르되 언니보다 아우를 먼저 주는 것은 우리 지방에서 하지 아니하는 바이라 이를 위하여 칠 일을 채우라 우리가 그도 네게 주리니 네가 또 나를 칠 년 동안 섬길지니라 야곱이 그대로 하여 그 칠 일을 채우매 라반이 딸 라헬도 그에게 아내로 주고 라반이 또 그의 여종 빌하를 그의 딸 라헬에게 주어 시녀가 되게 하매 야곱이 또한 라헬에게로 들어갔고 그가 레아보다 라헬을 더 사랑하여 다시 칠 년 동안 라반을 섬겼더라"(창 29:25~30)

셋째, 공의로우신 분입니다.(창 29:31~35)

"여호와께서 레아가 사랑 받지 못함을 보시고 그의 태를 여셨으나 라헬은 자녀가 없었더라"(창 29:31)

하나님의 작정과 예정과 섭리는 인간의 뜻과는 다르게 주권적으로 이루어집니다.

"그가 또 임신하여 아들을 낳고 이르되 내가 이제는 여호와를 찬송하리로다 하고 이로 말미암아 그가 그의 이름을 유다라 하였고 그의 출산이 멈추었더라"(출 29:35)

유다 지파에서 오신 예수 그리스도는 우리들의 모든 죄를 품고 이세상에 오신 분입니다.

"이튿날 요한이 예수께서 자기에게 나아오심을 보고 이르되 보라 세상 죄를 지고 가는 하나님의 어린 양이로다"(요 1:29)

그러므로 성삼위 하나님의 은혜로 예수 그리스도를 높이며 하나님을 영화롭게 하는 우리 모두가 되기를 기도합니다.

창세기 30장 25절

"라헬이 요셉을 낳았을 때에 야곱이 라반에게 이르되 나를 보내어 내 고향 나의 땅으로 가게 하시되"(개역개정판)

"라헬이 요셉을 낳았을 때 야곱이 라반에게 말했다. 당신은 저를 보내소서. 그러면 제가 가겠습니다. 내 본래의 곳 그리고 내 땅으로"(원문직역)

하나님께서는 야곱에게 하나님 나라를 위한 복을 언약하셨습니다.

"그가 가까이 가서 그에게 입맞추니 아버지가 그의 옷의 향취를 맡고 그에게 축복하여 이르되 내 아들의 향취는 여호와께서 복 주신 밭의 향취로다 하나님은 하늘의 이슬과 땅의 기름짐이며 풍성한 곡식과 포도주를 네게 주시기를 원하노라 만민이 너를 섬기고 열국이 네게 굴복하리니 네가 형제들의 주가 되고 네 어머니의 아들들이 네게 굴복하며 너를 저주하는 자는 저주를 받고 너를 축복하는 자는 복을 받기를 원하노라"(창 27:27~29)

"꿈에 본즉 사닥다리가 땅 위에 서 있는데 그 꼭대기가 하늘에 닿았고 또 본즉 하나님의 사자들이 그 위에서 오르락내리락 하고 또 본즉 여호와께서 그 위에 서서 이르시되 나는 여호와니 너의 조부 아브라함의 하나님이요 이삭의 하나님이라 네가 누워 있는 땅을 내가 너와 네 자손에게 주리니 네 자손이 땅의 티끌 같이 되어 네가 서쪽과 동쪽과 북쪽과 남쪽으로 퍼져나갈지며 땅의 모든 족속이 너와 네 자손으로 말미암아 복을 받으리라 내가 너와 함께 있어 네가 어디로 가든지 너를 지키며 너를 이끌어 이 땅으로 돌아오게 할지라 내가 네게 허락한 것을 다 이루기까지 너를 떠나지 아니하리라 하신지라"(창 28:12~15)

언약을 신실하게 이행하시는 하나님께서는 인간의 죄와 연약함에도 불구하고 야곱에게 열두지파를 형성할 수 있는 자식들과 재물들을 주셨습니다.(창 29:32~30:43)

> "하나님이 라헬을 생각하신지라 하나님이 그의 소원을 들으시고 그의 태를 여셨으므로 그가 임신하여 아들을 낳고 이르되 하나님이 내 부끄러움을 씻으셨다 하고 그 이름을 요셉이라 하니 여호와는 다시 다른 아들을 내게 더하시기를 원하노라 하였더라"(창 30:22~24)

> "이에 그 사람이 매우 번창하여 양 떼와 노비와 낙타와 나귀가 많았더라"(창 30:43)

언약 은총의 복을 받은 야곱은 벧엘의 서원을 기억하고 가나안 땅으로 돌아가기를 원했습니다.

> "야곱이 서원하여 이르되 하나님이 나와 함께 계셔서 내가 가는 이 길에서 나를 지키시고 먹을 떡과 입을 옷을 주시어 내가 평안히 아버지 집으로 돌아가게 하시오면 여호와께서 나의 하나님이 되실 것이요 내가 기둥으로 세운 이 돌이 하나님의 집이 될 것이요 하나님께서 내게 주신 모든 것에서 십분의 일을 내가 반드시 하나님께 드리겠나이다 하였더라"(창 28:20~22)

> "라헬이 요셉을 낳았을 때에 야곱이 라반에게 이르되 나를 보내어 내 고향 나의 땅으로 가게 하시되 내가 외삼촌에게서 일하고 얻은 처자를 내게 주시어 나로 가게 하소서 내가 외삼촌에게 한 일은 외삼촌이 아시나이다"(창 30:25~26)

그리스도인들은 언약 백성입니다.

하나님과 맺은 언약을 목숨보다 더 소중하게 여기는 사람들입니다.

그러므로 성삼위 하나님의 은혜로 언약 백성의 위치에서 살아가며 하나님을 영화롭게 하는 우리 모두가 되기를 기도합니다.

창세기 31장 13절

"나는 벧엘의 하나님이라 네가 거기서 기둥에 기름을 붓고 거기서 내게 서원하였으니 지금 일어나 이 곳을 떠나서 네 출생지로 돌아가라 하셨느니라"(개역개정판)

"나는 벧엘의 하나님이다. 네가 거기서 기둥에 기름을 부었다. 또 거기서 너는 내게 맹세를 했다. 이제 너는 이 땅에서 일어나 나가거라. 그리고 너는 네가 태어난 땅으로 돌아가거라"(원문직역)

하나님께서는 스스로 낮아지셔서 야곱과 언약을 맺으셨습니다.

"야곱이 브엘세바에서 떠나 하란으로 향하여 가더니 한 곳에 이르러는 해가 진지라 거기서 유숙하려고 그 곳의 한 돌을 가져다가 베개로 삼고 거기 누워 자더니 꿈에 본즉 사닥다리가 땅 위에 서 있는데 그 꼭대기가 하늘에 닿았고 또 본즉 하나님의 사자들이 그 위에서 오르락 내리락 하고 또 본즉 여호와께서 그 위에 서서 이르시되 나는 여호와니 너의 조부 아브라함의 하나님이요 이삭의 하나님이라 네가 누워 있는 땅을 내가 너와 네 자손에게 주리니 네 자손이 땅의 티끌 같이 되어 네가 서쪽과 동쪽과 북쪽과 남쪽으로 퍼져나갈지며 땅의 모든 족속이 너와 네 자손으로 말미암아 복을 받으리라 내가 너와 함께 있어 네가 어디로 가든지 너를 지키며 너를 이끌어 이 땅으로 돌아오게 할지라 내가 네게 허락한 것을 다 이루기까지 너를 떠나지 아니하리라 하신지라"(창 28:10~15)

야곱은 하나님을 두려워하며 합법적 맹세와 서원을 했습니다.

"야곱이 서원하여 이르되 하나님이 나와 함께 계셔서 내가 가는 이 길에서 나를 지키시고 먹을 떡과 입을 옷을 주시어 내가 평안히 아버지 집으로 돌아가게 하시오면 여호와께서 나의 하나님이 되실 것이요 내가 기둥으로 세운 이 돌이 하나님의 집이 될 것이요 하나님께서 내게 주신 모든 것에서 십분의 일을 내가 반드시 하나님께 드리겠나이다 하였더라"(창 28:20~22)

하나님께서는 야곱과 맺은 언약과 야곱의 합법적 맹세와 서원을 이루게 하시기 위해?

첫째, 야곱과 동행하셨습니다.(창 31:1~3)

"여호와께서 야곱에게 이르시되 네 조상의 땅 네 족속에게로 돌아가라 내가 너와 함께 있으리라 하신지라"(창 31:3)

둘째, 공의의 은총을 베푸셨습니다.(창 31:4~12)

"꿈에 하나님의 사자가 내게 말씀하시기를 야곱아 하기로 내가 대답하기를 여기 있나이다 하매 이르시되 네 눈을 들어 보라 양 떼를 탄 숫양은 다 얼룩무늬 있는 것, 점 있는 것과 아롱진 것이니라 라반이 네게 행한 모든 것을 내가 보았노라"(창 31:11~12)

셋째, 보호하셨습니다.(창 31:14~43)

"밤에 하나님이 아람 사람 라반에게 현몽하여 이르시되 너는 삼가 야곱에게 선악간에 말하지 말라 하셨더라"(창 31:24)

"너를 해할 만한 능력이 내 손에 있으나 너희 아버지의 하나님이 어제 밤에 내게 말씀하시기를 너는 삼가 야곱에게 선악간에 말하지 말라 하셨느니라"(창 31:29)

넷째, 화평케 하는 은총을 주셨습니다.(창 31:44~55)

"아브라함의 하나님, 나홀의 하나님, 그들의 조상의 하나님은 우리 사이에 판단하옵소서 하매 야곱이 그의 아버지 이삭이 경외하는 이를 가리켜 맹세하고 야곱이 또 산에서 제사를 드리고 형제들을 불러 떡을 먹이니 그들이 떡을 먹고 산에서 밤을 지내고 라반이 아침에 일찍이 일어나 손자들과 딸들에게 입맞추며 그들에게 축복하고 떠나 고향으로 돌아갔더라"(창 31:53~55)

그리스도인들은 하나님의 은혜로 사는 사람들입니다.

그러므로 성삼위 하나님의 은혜 속에서 감사함으로 살아가며 하나님을 영화롭게 하는 우리 모두가 되기를 기도합니다.

창세기 32장 29절

"야곱이 청하여 이르되 당신의 이름을 알려주소서 그 사람이 이르되 어찌하여 내 이름을 묻느냐 하고 거기서 야곱에게 축복한지라"(개역개정판)

"그리고 야곱이 물었다. 그리고 그가 말했다. 당신의 이름을 제발 나에게 말해주십시요. 그러자 그가 말했다. 왜 이렇게 네가 내 이름을 묻느냐. 그리고 그가 거기에서 그를 축복하였다"(원문직역)

하나님과 맺은 언약을 실현하기 위해 가나안 땅으로 향하는 야곱은?

첫째, 하나님의 보호를 받는 사람입니다.

"야곱이 길을 가는데 하나님의 사자들이 그를 만난지라 야곱이 그들을 볼 때에 이르기를 이는 하나님의 군대라 하고 그 땅 이름을 마하나임이라 하였더라"(창 32:1~2)

둘째, 용서를 구하는 사람입니다.(창 32:3~8, 13~23)

"야곱이 세일 땅 에돔 들에 있는 형 에서에게로 자기보다 앞서 사자들을 보내며 그들에게 명령하여 이르되 너희는 내 주 에서에게 이같이 말하라 주의 종 야곱이 이같이 말하기를 내가 라반과 함께 거류하며 지금까지 머물러 있었사오며 내게 소와 나귀와 양 떼와 노비가 있으므로 사람을 보내어 내 주께 알리고 내 주께 은혜 받기를 원하나이다 하라 하였더니"(창 32:3~5)

"그가 또 앞선 자에게 명령하여 이르되 내 형 에서가 너를 만나 묻기를 네가 누구의 사람이며 어디로 가느냐 네 앞의 것은 누구의 것이냐 하거든 대답하기를 주의 종 야곱의 것이요 자기 주 에서에게로 보내는 예물이오며 야곱도 우리 뒤에 있나이다 하라 하고 그 둘째와 셋째와 각 떼를 따라가는 자에게 명령하여 이르되 너희도 에서를 만나거든 곧 이같이 그에게 말하고 또 너희는 말하기를 주의 종 야곱이 우리 뒤에 있다 하라 하니 이는 야곱이 말하기를 내가 내 앞에 보내는 예물로 형의 감정을 푼 후에 대면하면 형이 혹시 나를 받아 주리라 함이었더라"(창 32:17~20)

셋째, 언약의 말씀을 붙들고 기도하는 사람입니다.

"야곱이 또 이르되 내 조부 아브라함의 하나님, 내 아버지 이삭의 하나님 여호와여 주께서 전에 내게 명하시기를 네 고향, 네 족속에게로 돌아가라 내가 네게 은혜를 베풀리라 하셨나이다 나는 주께서 주의 종에게 베푸신 모든 은총과 모든 진실하심을 조금도 감당할 수 없사오나 내가 내 지팡이만 가지고 이 요단을 건넜더니 지금은 두 떼나 이루었나이다 내가 주께 간구하오니 내 형의 손에서, 에서의 손에서 나를 건져내시옵소서 내가 그를 두려워함은 그가 와서 나와 내 처자들을 칠까 겁이 나기 때문이니이다 주께서 말씀하시기를 내가 반드시 네게 은혜를 베풀어 네 씨로 바다의 셀 수 없는 모래와 같이 많게 하리라 하셨나이다"(창 32:9~12)

넷째, 기도로 시험을 통과한 사람입니다.(창 32:24~28)

"그가 이르되 네 이름을 다시는 야곱이라 부를 것이 아니요 이스라엘이라 부를 것이니 이는 네가 하나님과 및 사람들과 겨루어 이겼음이니라 야곱이 청하여 이르되 당신의 이름을 알려주소서 그 사람이 이르되 어찌하여 내 이름을 묻느냐 하고 거기서 야곱에게 축복한지라"(창 32:28~29)

그리스도인들은 하나님의 영광과 하나님의 나라를 위해 은혜의 방편인 말씀과 기도로 살아가는 사람들입니다.

그러므로 성삼위 하나님의 은혜로 말씀과 기도 안에서 살아가며 하나님을 영화롭게 하는 우리 모두가 되기를 기도합니다.

창세기 33장 11절

"하나님이 내게 은혜를 베푸셨고 내 소유도 족하오니 청하건대 내가 형님께 드리는 예물을 받으소서 하고 그에게 강권하매 받으니라"(개역개정판)

"제발 당신에게 드려진 제 복을 받으십시오. 참으로 하나님께서 제게 은혜를 베푸셨기 때문입니다. 그리고 참으로 제가 가진 것이 충분합니다. 그리고 그가 그에게 간청했다. 그러자 그가 받았다"(원문직역)

야곱은 하나님의 영원한 작정과 예정과 섭리가운데 하나님 나라인 장자권을 유업으로 받고 이스라엘 열 두 지파를 형성하는 아들들과 풍성한 영육의 복을 받았습니다. 그러나 형 에서에게는 많은 상처를 주었습니다.

"야곱이 죽을 쑤었더니 에서가 들에서 돌아와서 심히 피곤하여 야곱에게 이르되 내가 피곤하니 그 붉은 것을 내가 먹게 하라 한지라 그러므로 에서의 별명은 에돔이더라 야곱이 이르되 형의 장자의 명분을 오늘 내게 팔라"(창 25:29~31)

"그의 아버지 이삭이 그에게 이르되 너는 누구냐 그가 대답하되 나는 아버지의 아들 곧 아버지의 맏아들 에서로소이다 이삭이 심히 크게 떨며 이르되 그러면 사냥한 고기를 내게 가져온 자가 누구냐 네가 오기 전에 내가 다 먹고 그를 위하여 축복하였은즉 그가 반드시 복을 받을 것이니라 에서가 그의 아버지의 말을 듣고 소리 내어 울며 아버지에게 이르되 내 아버지여 내게 축복하소서 내게도 그리하소서 이삭이 이르되 네 아우가 와서 속여 네 복을 빼앗았도다 에서가 이르되 그의 이름을 야곱이라 함이 합당하지 아니하니이까 그가 나를 속임이 이것이 두 번째니이다 전에는 나의 장자의 명분을 빼앗고 이제는 내 복을 빼앗았나이다 또 이르되 아버지께서 나를 위하여 빌 복을 남기지 아니하셨나이까"(창 27:32~36)

예수 그리스도의 대속 사역으로 구원받은 그리스도인들은?

첫째, 용서를 비는 사람입니다.(창 33:1~7)

"자기는 그들 앞에서 나아가되 몸을 일곱 번 땅에 굽히며 그의 형 에서에게 가까이 가니 에서가 달려와서 그를 맞이하여 안고 목을 어긋맞추어 그와 입맞추고 서로 우니라"(창 33:3~4)

둘째, 보상하는 사람입니다.

"에서가 또 이르되 내가 만난 바 이 모든 떼는 무슨 까닭이냐 야곱이 이르되 내 주께 은혜를 입으려 함이니이다 에서가 이르되 내 동생아 내게 있는 것이 족하니 네 소유는 네게 두라 야곱이 이르되 그렇지 아니하니이다 내가 형님의 눈앞에서 은혜를 입었사오면 청하건대 내 손에서 이 예물을 받으소서 내가 형님의 얼굴을 뵈온즉 하나님의 얼굴을 본 것 같사오며 형님도 나를 기뻐하심이니이다 하나님이 내게 은혜를 베푸셨고 내 소유도 족하오니 청하건대 내가 형님께 드리는 예물을 받으소서 하고 그에게 강권하매 받으니라"(창 33:8~11)

셋째, 하나님께 예배드리는 사람입니다.

"야곱이 밧단아람에서부터 평안히 가나안 땅 세겜 성읍에 이르러 그 성읍 앞에 장막을 치고 그가 장막을 친 밭을 세겜의 아버지 하몰의 아들들의 손에서 백 크시타에 샀으며 거기에 제단을 쌓고 그 이름을 엘엘로헤이스라엘이라 불렀더라"(창 33:18~20)

그리스도인은 형제들과 화목하고 하나님께 예배드리는 사람입니다.

"그러므로 예물을 제단에 드리려다가 거기서 네 형제에게 원망들을 만한 일이 있는 것이 생각나거든 예물을 제단 앞에 두고 먼저 가서 형제와 화목하고 그 후에 와서 예물을 드리라"(마 5:23~24)

그러므로 성삼위 하나님의 은혜로 화목한 사람이 되어 하나님을 영화롭게 하는 우리 모두가 되기를 기도합니다.

창세기 34장 30절

"야곱이 시므온과 레위에게 이르되 너희가 내게 화를 끼쳐 나로 하여금 이 땅의 주민 곧 가나안 족속과 브리스 족속에게 악취를 내게 하였도다 나는 수가 적은즉 그들이 모여 나를 치고 나를 죽이리니 그러면 나와 내 집이 멸망하리라"(개역개정판)

"그러자 야곱이 시므온과 레위에게 말했다. 너희들이 나에게 고통을 주었다. 이 땅에 거주하는 가나안 인과 브리스 인들에게 악취를 풍기게 하였다. 그리고 나는 숫자가 적다. 그리고 그들이 나를 대항해서 모인다면 그들이 나를 칠 것이다. 그러면 나와 내 집은 멸망할 것이다"(원문직역)

창세기 34장에서 야곱은 약 30년 전에 하나님과 맺은 언약을 소홀히 여기고 세겜 성 앞에서 세상의 풍요로움을 누리기 위해 살았습니다. 하나님께서는 야곱을 사랑해서 야곱의 딸 디나가 강간 당하는 사건과 할례를 빙자한 아들들의 무자비한 살인 사건으로 징계하셨습니다.

언약 백성인 그리스도인들은?

첫째, 세상을 사랑하는 사람들이 아닙니다.(창 34:1~7)

"레아가 야곱에게 낳은 딸 디나가 그 땅의 딸들을 보러 나갔더니 히위 족속 중 하몰의 아들 그 땅의 추장 세겜이 그를 보고 끌어들여 강간하여 욕되게 하고"(창 34:1~2)

둘째, 불신자와 멍에를 함께 지는 사람들이 아닙니다.(창 34:8~12)

"하몰이 그들에게 이르되 내 아들 세겜이 마음으로 너희 딸을 연연하여 하니 원하건대 그를 세겜에게 주어 아내로 삼게 하라 너희가 우리와 통혼하여 너희 딸을 우리에게 주며 우리 딸을 너희가 데려가고 너희가 우리와 함께 거주하되 땅이 너희 앞에 있으니 여기 머물러 매매하며 여기서 기업을 얻으라 하고"(창 34:8~10)

셋째, 하나님의 징계를 깨닫고 하나님 나라를 위해 신중한 행동을 하는 사람들입니다.

"야곱이 그 딸 디나를 그가 더럽혔다 함을 들었으나 자기의 아들들이 들에서 목축하므로 그들이 돌아오기까지 잠잠하였고"(창 34:5)

"야곱이 시므온과 레위에게 이르되 너희가 내게 화를 끼쳐 나로 하여금 이 땅의 주민 곧 가나안 족속과 브리스 족속에게 악취를 내게 하였도다 나는 수가 적은즉 그들이 모여 나를 치고 나를 죽이리니 그러면 나와 내 집이 멸망하리라 그들이 이르되 그가 우리 누이를 창녀 같이 대우함이 옳으니이까"(창 34:30~31)

넷째, 하나님의 징계를 달게 받고 기만과 혈기와 분노로 살인하는 사람들이 아닙니다.(창 34:13~29)

"야곱의 아들들이 세겜과 그의 아버지 하몰에게 속여 대답하였으니 이는 세겜이 그 누이 디나를 더럽혔음이라 야곱의 아들들이 그들에게 말하되 우리는 그리하지 못하겠노라 할례 받지 아니한 사람에게 우리 누이를 줄 수 없노니 이는 우리의 수치가 됨이니라"(창 34:13~14)

"성문으로 출입하는 모든 자가 하몰과 그의 아들 세겜의 말을 듣고 성문으로 출입하는 그 모든 남자가 할례를 받으니라 제삼일에 아직 그들이 아파할 때에 야곱의 두 아들 디나의 오라버니 시므온과 레위가 각기 칼을 가지고 가서 몰래 그 성읍을 기습하여 그 모든 남자를 죽이고 칼로 하몰과 그의 아들 세겜을 죽이고 디나를 세겜의 집에서 데려오고 야곱의 여러 아들이 그 시체 있는 성읍으로 가서 노략하였으니 이는 그들이 그들의 누이를 더럽힌 까닭이라"(창 34:24~27)

그리스도인들은 언약 백성입니다.

하나님과 맺은 언약을 자신의 목숨보다 소중히 여기는 사람들입니다.

그러므로 성삼위 하나님의 은혜로 언약의 은총안에 살아가며 하나님을 영화롭게 하는 우리 모두가 되기를 기도합니다.

창세기 35장 10절

"하나님이 그에게 이르시되 네 이름이 야곱이지마는 네 이름을 다시는 야곱이라 부르지 않겠고 이스라엘이 네 이름이 되리라 하시고 그가 그의 이름을 이스라엘이라 부르시고"(개역개정판)

"그리고 하나님께서 그에게 말씀하셨다. 네 이름은 야곱이다. 네 이름은 더 이상 야곱이라고 불려지지 않을 것이다. 참으로 이스라엘이 네 이름이 될 것이다. 그리해서 그가 그의 이름을 이스라엘이라 부르셨다"(원문직역)

하나님께서는 세겜에서 야곱을 징계하시고 약 30년 전의 언약을 지키라고 말씀하셨습니다.

"하나님이 야곱에게 이르시되 일어나 벧엘로 올라가서 거기 거주하며 네가 네 형에서의 낯을 피하여 도망하던 때에 네게 나타났던 하나님께 거기서 제단을 쌓으라 하신지라"(창 35:1)

야곱은 순종하고 회개했습니다.

"야곱이 이에 자기 집안 사람과 자기와 함께 한 모든 자에게 이르되 너희 중에 있는 이방 신상들을 버리고 자신을 정결하게 하고 너희들의 의복을 바꾸어 입으라 우리가 일어나 벧엘로 올라가자 내 환난 날에 내게 응답하시며 내가 가는 길에서 나와 함께 하신 하나님께 내가 거기서 제단을 쌓으려 하노라 하매 그들이 자기 손에 있는 모든 이방 신상들과 자기 귀에 있는 귀고리들을 야곱에게 주는지라 야곱이 그것들을 세겜 근처 상수리나무 아래에 묻고"(창 35:2~4)

하나님 말씀에 순종하고 회개하는 야곱은?

첫째, 보호하시는 은총을 받았습니다.

"그들이 떠났으나 하나님이 그 사면 고을들로 크게 두려워하게 하셨으므로 야곱의 아들들을 추격하는 자가 없었더라"(창 35:5)

둘째, 언약을 신실하게 이행하시는 하나님의 은총을 받았습니다.

"야곱과 그와 함께 한 모든 사람이 가나안 땅 루스 곧 벧엘에 이르고 그가 거기서 제단을 쌓고 그 곳을 엘벧엘이라 불렀으니 이는 그의 형의 낯을 피할 때에 하나님이 거기서 그에게 나타나셨음이더라"(창 35:6~7)

셋째, 하나님 나라의 복을 받았습니다.

"야곱이 밧단아람에서 돌아오매 하나님이 다시 야곱에게 나타나사 그에게 복을 주시고 하나님이 그에게 이르시되 네 이름이 야곱이지마는 네 이름을 다시는 야곱이라 부르지 않겠고 이스라엘이 네 이름이 되리라 하시고 그가 그의 이름을 이스라엘이라 부르시고 하나님이 그에게 이르시되 나는 전능한 하나님이라 생육하며 번성하라 한 백성과 백성들의 총회가 네게서 나오고 왕들이 네 허리에서 나오리라 내가 아브라함과 이삭에게 준 땅을 네게 주고 내가 네 후손에게도 그 땅을 주리라 하시고 하나님이 그와 말씀하시던 곳에서 그를 떠나 올라가시는지라"(창 35:9~13)

하나님 나라의 복을 받은 야곱은 감사와 헌신의 예배를 드렸습니다.

"야곱이 하나님이 자기와 말씀하시던 곳에 기둥 곧 돌 기둥을 세우고 그 위에 전제물을 붓고 또 그 위에 기름을 붓고 하나님이 자기와 말씀하시던 곳의 이름을 벧엘이라 불렀더라"(창 35:14~15)

그러므로 성삼위 하나님의 은혜로 하나님 말씀에 순종하며 하나님을 영화롭게 하는 우리 모두가 되기를 기도합니다.

창세기 36장 2절

"에서가 가나안 여인 중 헷 족속 엘론의 딸 아다와 히위 족속 시브온의 딸인 아나의 딸 오홀리바마를 자기 아내로 맞이하고"(개역개정판)

"에서가 가나안의 딸 들로부터 그의 아내들을 취하였다. 그 헷 족속 엘론의 딸 아다와 그 히위 족속 시브온의 손녀이며 아나의 딸 오홀리바마와"(원문직역)

에서는 장자의 명분 즉 하나님 나라를 가볍게 여긴 망령된 사람입니다.

"야곱이 죽을 쑤었더니 에서가 들에서 돌아와서 심히 피곤하여 야곱에게 이르되 내가 피곤하니 그 붉은 것을 내가 먹게 하라 한지라 그러므로 에서의 별명은 에돔이더라 야곱이 이르되 형의 장자의 명분을 오늘 내게 팔라 에서가 이르되 내가 죽게 되었으니 이 장자의 명분이 내게 무엇이 유익하리요 야곱이 이르되 오늘 내게 맹세하라 에서가 맹세하고 장자의 명분을 야곱에게 판지라 야곱이 떡과 팥죽을 에서에게 주매 에서가 먹으며 마시고 일어나 갔으니 에서가 장자의 명분을 가볍게 여김이었더라"(창 25:29~34)

"너희는 하나님의 은혜에 이르지 못하는 자가 없도록 하고 또 쓴 뿌리가 나서 괴롭게 하여 많은 사람이 이로 말미암아 더럽게 되지 않게 하며 음행하는 자와 혹 한 그릇 음식을 위하여 장자의 명분을 판 에서와 같이 망령된 자가 없도록 살피라 너희가 아는 바와 같이 그가 그 후에 축복을 이어받으려고 눈물을 흘리며 구하되 버린 바가 되어 회개할 기회를 얻지 못하였느니라"(히 12:15~17)

하나님 나라를 가볍게 여긴 에서는?

첫째, 이방 여인들과 결혼했습니다.

"에서가 가나안 여인 중 헷 족속 엘론의 딸 아다와 히위 족속 시브온의 딸인 아나의 딸 오홀리바마를 자기 아내로 맞이하고 또 이스마엘의 딸 느바욧의 누이 바스

맛을 맞이하였더니"(창 36:2~3)

둘째, 이스라엘을 대적하는 아말렉의 조상이 되었습니다.

"에서의 아들 엘리바스의 첩 딤나는 아말렉을 엘리바스에게 낳았으니 이들은 에서의 아내 아다의 자손이며"(창 36:12)

"고라 족장, 가담 족장, 아말렉 족장이니 이들은 에돔 땅에 있는 엘리바스의 족장들이요 이들은 아다의 자손이며"(창 36:16)

"그 때에 아말렉이 와서 이스라엘과 르비딤에서 싸우니라"(출 17:8)

셋째, 이스라엘을 대적하는 에돔 족속의 조상이 되었습니다.

"에돔 족속의 조상은 에서더라"(창 36:43하)

"네가 네 형제 야곱에게 행한 포학으로 말미암아 부끄러움을 당하고 영원히 멸절되리라 네가 멀리 섰던 날 곧 이방인이 그의 재물을 빼앗아 가며 외국인이 그의 성문에 들어가서 예루살렘을 얻기 위하여 제비 뽑던 날에 너도 그들 중 한 사람 같았느니라 네가 형제의 날 곧 그 재앙의 날에 방관할 것이 아니며 유다 자손이 패망하는 날에 기뻐할 것이 아니며 그 고난의 날에 네가 입을 크게 벌릴 것이 아니며 내 백성이 환난을 당하는 날에 네가 그 성문에 들어가지 않을 것이며 환난을 당하는 날에 네가 그 고난을 방관하지 않을 것이며 환난을 당하는 날에 네가 그 재물에 손을 대지 않을 것이며 네거리에 서서 그 도망하는 자를 막지 않을 것이며 고난의 날에 그 남은 자를 원수에게 넘기지 않을 것이니라"(옵 1:10~14)

그리스도인들은 하나님 나라를 자신의 목숨보다 소중히 여기는 사람들입니다.

그러므로 성삼위 하나님의 은혜로 하나님 나라 속에서 살아가며 하나님을 영화롭게 하는 우리 모두가 되기를 기도합니다.

창세기 37장 36절

"그 미디안 사람들은 그를 애굽에서 바로의 신하 친위 대장 보디발에게 팔았더라"(개역개정판)

"그리고 그 미디안 사람들이 애굽에서 바로의 신하이며 경호대장인 보디발에게 그를 팔았다"(원문직역)

야곱의 열 한 번째 아들인 요셉은 야곱의 편애와 고자질과 거룩한 계시적 꿈으로 인해 형제들에게 미움을 받았습니다.

"야곱의 족보는 이러하니라 요셉이 십칠 세의 소년으로서 그의 형들과 함께 양을 칠 때에 그의 아버지의 아내들 빌하와 실바의 아들들과 더불어 함께 있었더니 그가 그들의 잘못을 아버지에게 말하더라 요셉은 노년에 얻은 아들이므로 이스라엘이 여러 아들들보다 그를 더 사랑하므로 그를 위하여 채색옷을 지었더니 그의 형들이 아버지가 형들보다 그를 더 사랑함을 보고 그를 미워하여 그에게 편안하게 말할 수 없었더라 요셉이 꿈을 꾸고 자기 형들에게 말하매 그들이 그를 더욱 미워하였더라 요셉이 그들에게 이르되 청하건대 내가 꾼 꿈을 들으시오 우리가 밭에서 곡식 단을 묶더니 내 단은 일어서고 당신들의 단은 내 단을 둘러서서 절하더이다 그의 형들이 그에게 이르되 네가 참으로 우리의 왕이 되겠느냐 참으로 우리를 다스리게 되겠느냐 하고 그의 꿈과 그의 말로 말미암아 그를 더욱 미워하더니 요셉이 다시 꿈을 꾸고 그의 형들에게 말하여 이르되 내가 또 꿈을 꾼즉 해와 달과 열한 별이 내게 절하더이다 하니라 그가 그의 꿈을 아버지와 형들에게 말하매 아버지가 그를 꾸짖고 그에게 이르되 네가 꾼 꿈이 무엇이냐 나와 네 어머니와 네 형들이 참으로 가서 땅에 엎드려 네게 절하겠느냐 그의 형들은 시기하되 그의 아버지는 그 말을 간직해 두었더라"(창 37:2~11)

거룩한 계시적 꿈을 주신 하나님께서는 그 꿈을 이루게 하시기 위해 요셉이 형들에게 팔려가는 것을 허락하셨습니다.(창 37:18~36)

"그 때에 미디안 사람 상인들이 지나가고 있는지라 형들이 요셉을 구덩이에서 끌어올리고 은 이십에 그를 이스마엘 사람들에게 팔매 그 상인들이 요셉을 데리고 애굽으로 갔더라"(창 37:28)

"그 미디안 사람들은 그를 애굽에서 바로의 신하 친위대장 보디발에게 팔았더라"(창 37:36)

하나님께서 우리들에게 고난을 허락하시는 것은 우리들의 높아진 부분을 깍아내시고 구부러진 부분을 펴시고 결여된 부분을 채우셔서 하나님의 뜻을 이루는 하나님의 사람으로 빚으시기 위함입니다.

"우리가 알거니와 하나님을 사랑하는 자 곧 그의 뜻대로 부르심을 입은 자들에게는 모든 것이 합력하여 선을 이루느니라"(롬 8:28)

"사람이 감당할 시험 밖에는 너희가 당한 것이 없나니 오직 하나님은 미쁘사 너희가 감당하지 못할 시험 당함을 허락하지 아니하시고 시험 당할 즈음에 또한 피할 길을 내사 너희로 능히 감당하게 하시느니라"(고전 10:13)

그러므로 성삼위 하나님의 은혜로 고난 속에서 하나님의 사람으로 만들어지며 하나님을 영화롭게 하는 우리 모두가 되기를 기도합니다.

창세기 38장 29절

"그 손을 도로 들이며 그의 아우가 나오는지라 산파가 이르되 네가 어찌하여 터뜨리고 나오느냐하였으므로 그 이름을 베레스라 불렀고"(개역개정판)

"그리고 그가 그의 손을 도로 돌이켰을 즈음 이었는데 보라 그의 형제가 나왔다. 그래서 그녀가 말했다. 어째서 너는 스스로 난폭하게 터치고 나오느냐? 그래서 그의 이름을 베레스라고 불렀다"(원문직역)

창세기 38장에서 유다와 그의 아들 베레스를 다루고 있는 이유는 예수 그리스도께서 유다 지파에서 나오시기 때문입니다.

"우리 주께서는 유다로부터 나신 것이 분명하도다 이 지파에는 모세가 제사장들에 관하여 말한 것이 하나도 없고 멜기세덱과 같은 별다른 한 제사장이 일어난 것을 보니 더욱 분명하도다"(히 7:14~15)

예수 그리스도는 택한 백성들의 죄를 품에 안고 세상에 오신 분입니다.

"이튿날 요한이 예수께서 자기에게 나아오심을 보고 이르되 보라 세상 죄를 지고 가는 하나님의 어린 양이로다"(요 1:29)

그러나 인간의 본질은?

첫째, 진리보다 세상을 사랑합니다.(창 38:1~6)

"그 후에 유다가 자기 형제들로부터 떠나 내려가서 아둘람 사람 히라와 가까이 하니라 유다가 거기서 가나안 사람 수아라 하는 자의 딸을 보고 그를 데리고 동침하니 그가 임신하여 아들을 낳으매 유다가 그의 이름을 엘이라 하니라"(창 38:1~3)

둘째, 악합니다.(창 38:7~11)

"유다의 장자 엘이 여호와가 보시기에 악하므로 여호와께서 그를 죽이신지라"(창 38:7)

셋째, 음란합니다.(창 38:12~30)

"어떤 사람이 다말에게 말하되 네 시아버지가 자기의 양털을 깎으려고 딤나에 올라왔다 한지라 그가 그 과부의 의복을 벗고 너울로 얼굴을 가리고 몸을 휩싸고 딤나 길 곁 에나임 문에 앉으니 이는 셀라가 장성함을 보았어도 자기를 그의 아내로 주지 않음으로 말미암음이라 그가 얼굴을 가리었으므로 유다가 그를 보고 창녀로 여겨 길 곁으로 그에게 나아가 이르되 청하건대 나로 네게 들어가게 하라 하니 그의 며느리인 줄을 알지 못하였음이라 그가 이르되 당신이 무엇을 주고 내게 들어오려느냐 유다가 이르되 내가 내 떼에서 염소 새끼를 주리라 그가 이르되 당신이 그것을 줄 때까지 담보물을 주겠느냐 유다가 이르되 무슨 담보물을 네게 주랴 그가 이르되 당신의 도장과 그 끈과 당신의 손에 있는 지팡이로 하라 유다가 그것들을 그에게 주고 그에게로 들어갔더니 그가 유다로 말미암아 임신하였더라"(창 38:13~18)

"석 달쯤 후에 어떤 사람이 유다에게 일러 말하되 네 며느리 다말이 행음하였고 그 행음함으로 말미암아 임신하였느니라 유다가 이르되 그를 끌어내어 불사르라 여인이 끌려나갈 때에 사람을 보내어 시아버지에게 이르되 이 물건 임자로 말미암아 임신하였나이다 청하건대 보소서 이 도장과 그 끈과 지팡이가 누구의 것이니이까 한지라 유다가 그것들을 알아보고 이르되 그는 나보다 옳도다 내가 그를 내 아들 셀라에게 주지 아니하였음이로다 하고 다시는 그를 가까이 하지 아니하였더라"(창 38:24~26)

우리들이 구원받은 것은 하나님의 은혜 때문입니다.

"너희는 그 은혜에 의하여 믿음으로 말미암아 구원을 받았으니 이것은 너희에게서 난 것이 아니요 하나님의 선물이라 행위에서 난 것이 아니니 이는 누구든지 자랑하지 못하게 함이라"(엡 2:8~9)

그러므로 성삼위 하나님의 은혜로 예수 그리스도의 대속 사역 은총을 높이며 하나님을 영화롭게 하는 우리 모두가 되기를 기도합니다.

창세기 39장 2절

"여호와께서 요셉과 함께 하시므로 그가 형통한 자가 되어 그의 주인 애굽 사람의 집에 있으니"(개역개정판)

"그리고 여호와께서 요셉과 함께 있었다. 그리고 그는 형통한 사람이 되었다. 그리고 그는 그 애굽 사람 주인의 집에 있었다"(원문직역)

요셉은 하나님의 허락하심 가운데 애굽의 친위대장 보디발의 집에 노예로 팔려갔습니다. 하나님께서는 요셉과 함께 하시며 범사에 형통케 하는 복을 주셨습니다.

하나님께서 함께 하시며 범사에 형통하는 복을 받은 요셉은?

첫째, 가정 총무가 되었습니다.(창 39:1~6)

"그의 주인이 여호와께서 그와 함께 하심을 보며 또 여호와께서 그의 범사에 형통하게 하심을 보았더라 요셉이 그의 주인에게 은혜를 입어 섬기매 그가 요셉을 가정 총무로 삼고 자기의 소유를 다 그의 손에 위탁하니 그가 요셉에게 자기의 집과 그의 모든 소유물을 주관하게 한 때부터 여호와께서 요셉을 위하여 그 애굽 사람의 집에 복을 내리시므로 여호와의 복이 그의 집과 밭에 있는 모든 소유에 미친지라 주인이 그의 소유를 다 요셉의 손에 위탁하고 자기가 먹는 음식 외에는 간섭하지 아니하였더라 요셉은 용모가 빼어나고 아름다웠더라"(창 39:3~6)

둘째, 유혹을 이기게 하셨습니다.(창 39:7~18)

"그 후에 그의 주인의 아내가 요셉에게 눈짓하다가 동침하기를 청하니 요셉이 거절하며 자기 주인의 아내에게 이르되 내 주인이 집안의 모든 소유를 간섭하지 아니하고 다 내 손에 위탁하였으니 이 집에는 나보다 큰 이가 없으며 주인이 아무것도 내게 금하지 아니하였어도 금한 것은 당신뿐이니 당신은 그의 아내임이라 그런즉 내가 어찌 이 큰 악을 행하여 하나님께 죄를 지으리이까 여인이 날마다 요셉에게 청하였으나 요셉이 듣지 아니하여 동침하지 아니할 뿐더러 함께 있지도 아니하니라"(창 38:7~10)

셋째, 지도자의 연단을 받게 하셨습니다.(창 39:20~23)

"여호와께서 요셉과 함께 하시고 그에게 인자를 더하사 간수장에게 은혜를 받게 하시매 간수장이 옥중 죄수를 다 요셉의 손에 맡기므로 그 제반 사무를 요셉이 처리하고 간수장은 그의 손에 맡긴 것을 무엇이든지 살펴보지 아니하였으니 이는 여호와께서 요셉과 함께 하심이라 여호와께서 그를 범사에 형통하게 하셨더라"(창 39:21~23)

그리스도인의 큰 복은 하나님과의 동행입니다.

그러므로 성삼위 하나님의 은혜로 하나님과 동행하며 하나님을 영화롭게 하는 우리 모두가 되기를 기도합니다.

창세기 40장 23절

"술 맡은 관원장이 요셉을 기억하지 못하고 그를 잊었더라"(개역개정판)

"그리고 술 맡은 관원장은 요셉을 기억하지 않았다. 그리고 그는 그를 잊었다"(원문직역)

하나님께서는 아브라함과 맺은 언약을 이루시기 위하여 요셉을 애굽으로 팔려가는 것을 허락하셨습니다.

"여호와께서 아브람에게 이르시되 너는 반드시 알라 네 자손이 이방에서 객이 되어 그들을 섬기겠고 그들은 사백 년 동안 네 자손을 괴롭히리니 그들이 섬기는 나라를 내가 징벌할지며 그 후에 네 자손이 큰 재물을 이끌고 나오리라"(창 15:13~14)

"그가 한 사람을 앞서 보내셨음이여 요셉이 종으로 팔렸도다"(시 105:17)

하나님께서는 아브라함과 맺은 언약을 이루시기 위하여 종으로 팔려간 요셉에게?

첫째, 섭리하시고 동행하시는 은총을 베푸셨습니다.(창 40:1~4)

"친위대장이 요셉에게 그들을 수종들게 하매 요셉이 그들을 섬겼더라 그들이 갇힌 지 여러 날이라"(창 40:4)

둘째, 지혜와 계시의 정신을 주셨습니다.(창 40:5~22)

"술 맡은 관원장이 그의 꿈을 요셉에게 말하여 이르되 내가 꿈에 보니 내 앞에 포도나무가 있는데 그 나무에 세 가지가 있고 싹이 나서 꽃이 피고 포도송이가 익었고 내 손에 바로의 잔이 있기로 내가 포도를 따서 그 즙을 바로의 잔에 짜서 그 잔을 바로의 손에 드렸노라 요셉이 그에게 이르되 그 해석이 이러하니 세 가지는 사흘이라 지금부터 사흘 안에 바로가 당신의 머리를 들고 당신의 전직을 회복시키리니 당신이 그 전에 술 맡은 자가 되었을 때에 하던 것 같이 바로의 잔을 그의 손에 드리게 되리이다 당신이 잘 되시거든 나를 생각하고 내게 은혜를 베풀어서 내 사정을 바로에게 아뢰어 이 집에서 나를 건져 주소서 나는 히브리 땅에서 끌려온 자요 여기서도 옥에 갇힐 일은 행하지 아니하였나이다"(창 40:9~15)

셋째, 연단하셨습니다.

"술 맡은 관원장이 요셉을 기억하지 못하고 그를 잊었더라"(창 40:23)

"그가 한 사람을 앞서 보내셨음이여 요셉이 종으로 팔렸도다 그의 발은 차꼬를 차고 그의 몸은 쇠사슬에 매였으니 곧 여호와의 말씀이 응할 때까지라 그의 말씀이 그를 단련하였도다"(시 105:17~19)

하나님께서는 당신의 거룩한 다스림에 참여시키기 위해 그리스도인들을 연단하십니다.

그러므로 성삼위 하나님의 은혜로 연단 가운데 쓰실만한 사람으로 빚어지며 하나님을 영화롭게 하는 우리 모두가 되기를 기도합니다.

창세기 41장 16절

"요셉이 바로에게 대답하여 이르되 내가 아니라 하나님께서 바로에게 편안한 대답을 하시리이다"(개역개정판)

"그리고 요셉이 바로에게 대답하였다. 말하기를 내게 있는 것이 아닙니다. 하나님께서 바로에게 평안한 답을 주실 것입니다"(원문직역)

요셉은 하나님께서는 아브라함과 맺으신 은혜 언약을 이루는데 쓰임을 받기위해 13년동안 연단받고 30살에 애굽의 총리대신이 되었습니다.

"너는 내 집을 다스리라 내 백성이 다 네 명령에 복종하리니 내가 너보다 높은 것은 내 왕좌뿐이니라 바로가 또 요셉에게 이르되 내가 너를 애굽 온 땅의 총리가 되게 하노라 하고 자기의 인장 반지를 빼어 요셉의 손에 끼우고 그에게 세마포 옷을 입히고 금 사슬을 목에 걸고 자기에게 있는 버금 수레에 그를 태우매 무리가 그의 앞에서 소리 지르기를 엎드리라 하더라 바로가 그에게 애굽 전국을 총리로 다스리게 하였더라 바로가 요셉에게 이르되 나는 바로라 애굽 온 땅에서 네 허락이 없이는 수족을 놀릴 자가 없으리라 하고 그가 요셉의 이름을 사브낫바네아라 하고 또 온의 제사장 보디베라의 딸 아스낫을 그에게 주어 아내로 삼게 하니라 요셉이 나가 애굽 온 땅을 순찰하니라 요셉이 애굽 왕 바로 앞에 설 때에 삼십 세라 그가 바로 앞을 떠나 애굽 온 땅을 순찰하니"(창 41:40~46)

애굽의 총리대신이 된 요셉은?

첫째, 하나님의 다스림 안에 사는 사람입니다.

"술 맡은 관원장이 바로에게 말하여 이르되 내가 오늘 내 죄를 기억하나이다 바로께서 종들에게 노하사 나와 떡 굽는 관원장을 친위대장의 집에 가두셨을 때에 나와 그가 하룻밤에 꿈을 꾼즉 각기 뜻이 있는 꿈이라 그 곳에 친위대장의 종 된 히브리 청년이 우리와 함께 있기로 우리가 그에게 말하매 그가 우리의 꿈을 풀되 그 꿈대로 각 사람에게 해석하더니 그 해석한 대로 되어 나는 복직되고 그는 매달렸나이다"(창 41:9~13)

둘째, 하나님께 영광을 돌리는 사람입니다.

"요셉이 바로에게 대답하여 이르되 내가 아니라 하나님께서 바로에게 편안한 대답을 하시리이다"(창 41:16)

셋째, 지혜와 계시의 정신을 가진 사람입니다.

"요셉이 바로에게 아뢰되 바로의 꿈은 하나라 하나님이 그가 하실 일을 바로에게 보이심이니이다"(창 41:25)

넷째, 성령 충만한 사람입니다.

"바로가 그의 신하들에게 이르되 이와 같이 하나님의 영에 감동된 사람을 우리가 어찌 찾을 수 있으리요 하고 요셉에게 이르되 하나님이 이 모든 것을 네게 보이셨으니 너와 같이 명철하고 지혜 있는 자가 없도다"(창 41:38~39)

그리스도인은 성령 충만과 지혜와 계시의 정신으로 하나님을 영화롭게 하는 사람입니다.

그러므로 성삼위 하나님의 은혜로 성령님으로 충만해지며 지혜와 계시의 정신으로 하나님을 영화롭게 하는 우리 모두가 되기를 기도합니다.

창세기 42장 6절

"때에 요셉이 나라의 총리로서 그 땅 모든 백성에게 곡식을 팔더니 요셉의 형들이 와서 그 앞에서 땅에 엎드려 절하매"(개역개정판)

"그리고 요셉 그는 그 땅위에 총리였다. 그는 그 땅의 모든 백성들에게 그 곡식을 팔았다. 그리고 요셉의 형들이 들어왔다. 그리고 그들의 얼굴을 땅에 대고 절하였다"(원문직역)

하나님께서는 아브라함과 맺은 은혜 언약을 성취하시기 위해 요셉을 애굽의 총리로 만드셨습니다.

"여호와께서 아브람에게 이르시되 너는 반드시 알라 네 자손이 이방에서 객이 되어 그들을 섬기겠고 그들은 사백 년 동안 네 자손을 괴롭히리니 그들이 섬기는 나라를 내가 징벌할지며 그 후에 네 자손이 큰 재물을 이끌고 나오리라 너는 장수하다가 평안히 조상에게로 돌아가 장사될 것이요 네 자손은 사대 만에 이 땅으로 돌아오리니 이는 아모리 족속의 죄악이 아직 가득 차지 아니함이니라 하시더니"(창 15:16)

야곱의 후손들을 애굽으로 이주시키기 위해 가나안 땅에 기근을 허락하셨습니다.

"그 때에 야곱이 애굽에 곡식이 있음을 보고 아들들에게 이르되 너희는 어찌하여 서로 바라보고만 있느냐 야곱이 또 이르되 내가 들은즉 저 애굽에 곡식이 있다 하니 너희는 그리로 가서 거기서 우리를 위하여 사오라 그러면 우리가 살고 죽지 아니하리라 하매 요셉의 형 열 사람이 애굽에서 곡식을 사려고 내려갔으나 야곱이 요셉의 아우 베냐민은 그의 형들과 함께 보내지 아니하였으니 이는 그의 생각에 재난이 그에게 미칠까 두려워함이었더라 이스라엘의 아들들이 양식 사러 간 자 중에 있으니 가나안 땅에 기근이 있음이라"(창 42:1~5)

계시의 의미가 있는 요셉의 꿈은 이루어졌습니다.

"때에 요셉이 나라의 총리로서 그 땅 모든 백성에게 곡식을 팔더니 요셉의 형들이 와서 그 앞에서 땅에 엎드려 절하매"(창 42:6)

"요셉이 그들에게 이르되 청하건대 내가 꾼 꿈을 들으시오 우리가 밭에서 곡식 단을 묶더니 내 단은 일어서고 당신들의 단은 내 단을 둘러서서 절하더이다 그의 형들이 그에게 이르되 네가 참으로 우리의 왕이 되겠느냐 참으로 우리를 다스리게 되겠느냐 하고 그의 꿈과 그의 말로 말미암아 그를 더욱 미워하더니 요셉이 다시 꿈을 꾸고 그의 형들에게 말하여 이르되 내가 또 꿈을 꾼즉 해와 달과 열한 별이 내게 절하더이다 하니라"(창 42:6~9)

계시의 꿈이 이루어진 요셉은?

첫째, 형들에게 회개의 기회를 주었습니다.(창 42:7~17)

"너희는 이같이 하여 너희 진실함을 증명할 것이라 바로의 생명으로 맹세하노니 너희 막내 아우가 여기 오지 아니하면 너희가 여기서 나가지 못하리라 너희 중 하나를 보내어 너희 아우를 데려오게 하고 너희는 갇히어 있으라 내가 너희의 말을 시험하여 너희 중에 진실이 있는지 보리라 바로의 생명으로 맹세하노니 그리하지 아니하면 너희는 과연 정탐꾼이니라 하고 그들을 다 함께 삼 일을 가두었더라"(창 42:15~17)

둘째, 긍휼을 베풀었습니다.(창 42:18~25)

"요셉이 그들을 떠나가서 울고 다시 돌아와서 그들과 말하다가 그들 중에서 시므온을 끌어내어 그들의 눈 앞에서 결박하고 명하여 곡물을 그 그릇에 채우게 하고 각 사람의 돈은 그의 자루에 도로 넣게 하고 또 길 양식을 그들에게 주게 하니 그대로 행하였더라"(창 42:24~25)

그리스도인들은 지체들의 잘못을 용서하고 회개를 돕고 긍휼을 베푸는 사람들입니다.

그러므로 성삼위 하나님의 은혜로 지체들을 사랑하며 하나님을 영화롭게 하는 우리 모두가 되기를 기도합니다.

창세기 43장 1절

"그 땅에 기근이 심하고"(개역개정판)

"그리고 그 기근이 그 땅에 무거워졌다"(원문직역)

하나님께서는 가나안 땅에 기근이 더 심하게 되는 것을 허락하셨습니다.

그 이유는?

첫째, 야곱의 가문을 애굽으로 이주시키기 위함입니다.(창 43:1~10)

"유다가 그의 아버지 이스라엘에게 이르되 저 아이를 나와 함께 보내시면 우리가 곧 가리니 그러면 우리와 아버지와 우리 어린 아이들이 다 살고 죽지 아니하리이다 내가 그를 위하여 담보가 되오리니 아버지께서 내 손에서 그를 찾으소서 내가 만일 그를 아버지께 데려다가 아버지 앞에 두지 아니하면 내가 영원히 죄를 지리이다 우리가 지체하지 아니하였더라면 벌써 두 번 갔다 왔으리이다"(창 43:8~10)

둘째, "엘 샤다이"(전능하신 하나님)의 은혜를 깨닫게 하기 위함입니다.(창 43:11~15)

"전능하신 하나님께서 그 사람 앞에서 너희에게 은혜를 베푸사 그 사람으로 너희 다른 형제와 베냐민을 돌려보내게 하시기를 원하노라 내가 자식을 잃게 되면 잃으리로다 그 형제들이 예물을 마련하고 갑절의 돈을 자기들의 손에 가지고 베냐민을 데리고 애굽에 내려가서 요셉 앞에 서니라"(창 43:14~15)

셋째, 하나님의 은밀한 친절을 가르치시기 위함입니다.(창 43:16~34)

> "이르되 내 주여 우리가 전번에 내려와서 양식을 사가지고 여관에 이르러 자루를 풀어본즉 각 사람의 돈이 전액 그대로 자루 아귀에 있기로 우리가 도로 가져왔고 양식 살 다른 돈도 우리가 가지고 내려왔나이다 우리의 돈을 우리 자루에 넣은 자는 누구인지 우리가 알지 못하나이다 그가 이르되 너희는 안심하라 두려워하지 말라너희 하나님, 너희 아버지의 하나님이 재물을 너희 자루에 넣어 너희에게 주신 것이니라 너희 돈은 내가 이미 받았느니라 하고 시므온을 그들에게로 이끌어 내고 그들을 요셉의 집으로 인도하고 물을 주어 발을 씻게 하며 그들의 나귀에게 먹이를 주더라"(창 43:20~24)

하나님께서 고난을 허락하시는 것은 언약하신 하나님의 뜻을 이루시고 은혜 베푸시기 위함입니다.

그러므로 성삼위 하나님의 은혜로 고난의 의미를 올바로 깨닫고 하나님을 영화롭게 하는 우리 모두가 되기를 기도합니다.

창세기 44장 16절

"유다가 말하되 우리가 내 주께 무슨 말을 하오리이까 무슨 설명을 하오리이까 우리가 어떻게 우리의 정직함을 나타내리이까 하나님이 종들의 죄악을 찾아내셨으니 우리와 이 잔이 발견된 자가 다 내 주의 노예가 되겠나이다"(개역개정판)

"그리고 유다가 대답했다. 우리가 내 주께 무엇을 말하겠습니까. 우리가 무엇을 이야기 하겠습니까. 그리고 우리가 무엇을 옳다고 하겠습니까. 그 하나님은 당신 종들의 죄를 찾으셨습니다. 보세요 우리 모두와 함께 또한 그의 손에서 그 잔이 발견된 자는 내 주께 종들이 될 것입니다"(원문직역)

창세기 44장은 요셉이 형들의 회개에 대한 진정성을 시험하는 내용입니다.

진정한 회개는?

첫째, 하나님의 은혜로 죄를 깨닫는 것 입니다.

"유다가 말하되 우리가 내 주께 무슨 말을 하오리이까 무슨 설명을 하오리이까 우리가 어떻게 우리의 정직함을 나타내리이까 하나님이 종들의 죄악을 찾아내셨으니 우리와 이 잔이 발견된 자가 다 내 주의 노예가 되겠나이다"(창 44:16)

"요셉이 그들에게 가까이 오기 전에 그들이 요셉을 멀리서 보고 죽이기를 꾀하여 서로 이르되 꿈 꾸는 자가 오는도다 자, 그를 죽여 한 구덩이에 던지고 우리가 말하기를 악한 짐승이 그를 잡아먹었다 하자 그의 꿈이 어떻게 되는지를 우리가 볼 것이니라 하는지라 르우벤이 듣고 요셉을 그들의 손에서 구원하려 하여 이르되 우리가 그의 생명은 해치지 말자 르우벤이 또 그들에게 이르되 피를 흘리지 말라 그를 광야 그 구덩이에 던지고 손을 그에게 대지 말라 하니 이는 그가 요셉을 그들의 손에서 구출하여 그의 아버지에게로 돌려보내려 함이었더라 요셉이 형들에게 이르매 그의 형들이 요셉의 옷 곧 그가 입은 채색옷을 벗기고 그를 잡아 구덩이에 던지니 그 구덩이는 빈 것이라 그 속에 물이 없었더라 그들이 앉아 음식을 먹다가 눈을 들어 본즉 한 무리의 이스마엘 사람들이 길르앗에서 오는데 그 낙타들에 향품과 유향과 몰약을 싣고 애굽으로 내려가는지라 유다가 자기 형제에게이르되 우리가 우리 동생을 죽이고 그의 피를 덮어둔들 무엇이 유익할까 자 그를 이스마엘 사람들에게 팔고 그에게 우리 손을 대지 말자 그는 우리의 동생이요 우리의 혈육이니라 하매 그의 형제들이 청종하였더라 그 때에 미디안 사람 상인들이 지나가고 있는지라 형들이 요셉을 구덩이에서 끌어올리고 은 이십에 그를 이스마엘 사람들에게 팔매 그 상인들이 요셉을 데리고 애굽으로 갔더라"(창 37:18~28)

"그들이 서로 말하되 우리가 아우의 일로 말미암아 범죄하였도다 그가 우리에게 애걸할 때에 그 마음의 괴로움을 보고도 듣지 아니하였으므로 괴로움이 우리에게 임하도다"(창 42:21)

둘째, 회개의 열매를 맺는 것 입니다.

"아버지의 생명과 아이의 생명이 서로 하나로 묶여 있거늘 이제 내가 주의 종 우리 아버지에게 돌아갈 때에 아이가 우리와 함께 가지 아니하면 아버지가 아이의 없음을 보고 죽으리니 이같이 되면 종들이 주의 종 우리 아버지가 흰 머리로 슬퍼하며 스올로 내려가게 함이니이다 주의 종이 내 아버지에게 아이를 담보하기를 내가 이를 아버지께로 데리고 돌아오지 아니하면 영영히 아버지께 죄짐을 지리이다 하였사오니 이제 주의 종으로 그 아이를 대신하여 머물러 있어 내 주의 종이 되게 하시고 그 아이는 그의 형제들과 함께 올려 보내소서 그 아이가 나와 함께 가지 아니하면 내가 어찌 내 아버지에게로 올라갈 수 있으리이까 두렵건대 재해가 내 아버지에게 미침을 보리이다"(창 44:30~34)

생명얻는 회개의 은총은 하나님의 선물입니다.

그러므로 성삼위 하나님의 은혜로 생명얻는 회개의 은총 안에서 살아가며 하나님을 영화롭게 하는 우리 모두가 되기를 기도합니다.

창세기 45장 5절

"당신들이 나를 이 곳에 팔았다고 해서 근심하지 마소서 한탄하지 마소서 하나님이 생명을 구원하시려고 나를 당신들보다 먼저 보내셨나이다"(개역개정판)

"그리고 이제 당신들은 괴로워하지 마십시오. 그리고 당신들이 나를 여기에 팔았기 때문에 당신들 눈들에 성내지 마옵소서. 왜냐하면 살리려고 하나님께서 당신들 앞에 나를 보내셨기 때문입니다"(원문직역)

예수 그리스도를 예표하는 요셉은 형제들의 진정어린 뉘우침을 깨닫고 형제들에게 자신을 드러냈습니다.

"요셉이 시종하는 자들 앞에서 그 정을 억제하지 못하여 소리 질러 모든 사람을 자기에게서 물러가라 하고 그 형제들에게 자기를 알리니 그 때에 그와 함께 한 다른 사람이 없었더라 요셉이 큰 소리로 우니 애굽 사람에게 들리며 바로의 궁중에 들리더라"(창 45:1~2)

형제들에게 자신을 드러낸 요셉은?

첫째, 하나님의 주권적 다스림을 믿는 사람입니다.(창 45:3~8)

"당신들이 나를 이 곳에 팔았다고 해서 근심하지 마소서 한탄하지 마소서 하나님이 생명을 구원하시려고 나를 당신들보다 먼저 보내셨나이다 이 땅에 이 년 동안 흉년이 들었으나 아직 오 년은 밭갈이도 못하고 추수도 못할지라 하나님이 큰 구원으로 당신들의 생명을 보존하고 당신들의 후손을 세상에 두시려고 나를 당신들보다 먼저 보내셨나니 그런즉 나를 이리로 보낸 이는 당신들이 아니요 하나님이시라 하나님이 나를 바로에게 아버지로 삼으시고 그 온 집의 주로 삼으시며 애굽 온 땅의 통치자로 삼으셨나이다"(창 45:5~8)

둘째, 부모를 공경하는 사람입니다.

"당신들은 속히 아버지께로 올라가서 아뢰기를 아버지의 아들 요셉의 말에 하나님이 나를 애굽 전국의 주로 세우셨으니 지체 말고 내게로 내려오사 아버지의 아들들과 아버지의 손자들과 아버지의 양과 소와 모든 소유가 고센 땅에 머물며 나와 가깝게 하소서 흉년이 아직 다섯 해가 있으니 내가 거기서 아버지를 봉양하리이다 아버지와 아버지의 가족과 아버지께 속한 모든 사람에게 부족함이 없도록 하겠나이다 하더라고 전하소서"(창 45:9~11)

셋째, 형제들과 화목한 사람입니다.

"자기 아우 베냐민의 목을 안고 우니 베냐민도 요셉의 목을 안고 우니라 요셉이 또 형들과 입맞추며 안고 우니 형들이 그제서야 요셉과 말하니라"(창 45:14~15)

넷째, 존경받는 사람입니다.(창 45:16~20)

"요셉의 형들이 왔다는 소문이 바로의 궁에 들리매 바로와 그의 신하들이 기뻐하고 바로는 요셉에게 이르되 네 형들에게 명령하기를 너희는 이렇게 하여 너희 양식을 싣고 가서 가나안 땅에 이르거든 너희 아버지와 너희 가족을 이끌고 내게로 오라 내가 너희에게 애굽의 좋은 땅을 주리니 너희가 나라의 기름진 것을 먹으리라"(창 45:16~18)

다섯째, 화평케하는 사람입니다.

"이에 형들을 돌려보내며 그들에게 이르되 당신들은 길에서 다투지 말라 하였더라"(창 45:24)

예수 그리스도를 예표하는 요셉은 하나님의 주권적 다스림에 순종하고 화평케 하는 사람입니다.

그러므로 성삼위 하나님의 은혜로 예수 그리스도를 본받아 살며 하나님을 영화롭게 하는 우리 모두가 되기를 기도합니다.

창세기 46장 3절

"하나님이 이르시되 나는 하나님이라 네 아버지의 하나님이니 애굽으로 내려가기를 두려워하지 말라 내가 거기서 너로 큰 민족을 이루게 하리라"(개역개정판)

"그리고 그가 말씀하셨다. 나는 그 하나님 네 아버지의 하나님이다. 너는 애굽으로 내려가는 것을 두려워말라. 왜냐하면 내가 거기에서 너를 큰 민족으로 만들 것이다"(원문직역)

창세기 46장은 야곱의 가족이 애굽으로 이주하는 내용을 기록하고 있습니다.

야곱의 가족을 애굽으로 이주하게 하시는 하나님은?

첫째, 언약을 신실하게 이행하시는 분입니다.(창 46:1~7)

"이스라엘이 모든 소유를 이끌고 떠나 브엘세바에 이르러 그의 아버지 이삭의 하나님께 희생제사를 드리니 그 밤에 하나님이 이상 중에 이스라엘에게 나타나 이르시되 야곱아 야곱아 하시는지라 야곱이 이르되 내가 여기 있나이다 하매 하나님이 이르시되 나는 하나님이라 네 아버지의 하나님이니 애굽으로 내려가기를 두려워하지 말라 내가 거기서 너로 큰 민족을 이루게 하리라 내가 너와 함께 애굽으로 내려가겠고 반드시 너를 인도하여 다시 올라올 것이며 요셉이 그의 손으로 네 눈을 감기리라하셨더라"(창 46:1~4)

"여호와께서 아브람에게 이르시되 너는 반드시 알라 네 자손이 이방에서 객이 되어 그들을 섬기겠고 그들은 사백 년 동안 네 자손을 괴롭히리니 그들이 섬기는 나라를 내가 징벌할지며 그 후에 네 자손이 큰 재물을 이끌고 나오리라"(창 15:13~14)

둘째, 열두지파를 형성케 하시는 분입니다.(창 46:8~27)

"야곱과 함께 애굽에 들어간 자는 야곱의 며느리들 외에 육십육 명이니 이는 다 야곱의 몸에서 태어난 자이며 애굽에서 요셉이 낳은 아들은 두 명이니 야곱의 집 사람으로 애굽에 이른 자가 모두 칠십 명이었더라"(창 46:26~27)

하나님은 교회를 형성케 하시는 분입니다.

셋째, 처소를 예비하시는 분입니다.(창 46:28~34)

"바로가 당신들을 불러서 너희의 직업이 무엇이냐 묻거든 당신들은 이르기를 주의 종들은 어렸을 때부터 지금까지 목축하는 자들이온데 우리와 우리 선조가 다 그러하니이다 하소서 애굽 사람은 다 목축을 가증히 여기나니 당신들이 고센 땅에 살게 되리이다"(창 46:33~34)

하나님은 교회의 처소를 예비하시는 분입니다.

하나님께서는 언약을 신실하게 이행하시는 분입니다.

그러므로 성삼위 하나님의 은혜로 언약의 은총 안에서 살아가며 하나님을 영화롭게 하는 우리 모두가 되기를 기도합니다.

창세기 47장 27절

"이스라엘 족속이 애굽 고센 땅에 거주하며 거기서 생업을 얻어 생육하고 번성하였더라"(개역개정판)

"그리고 이스라엘은 애굽 땅 고센 땅에 거주했다. 그리고 그들은 거기에서 재산을 얻었다. 그리고 그들은 생육했다. 그리고 그들은 매우 번성했다"(원문직역)

이스라엘 족속들이 애굽의 고센 땅에 거주하며 생육하고 번성하게 되었습니다. 이 모든 일의 제 일 원인은 하나님입니다.

> "여호와께서 아브람에게 이르시되 너는 반드시 알라 네 자손이 이방에서 객이 되어 그들을 섬기겠고 그들은 사백 년 동안 네 자손을 괴롭히리니 그들이 섬기는 나라를 내가 징벌할지며 그 후에 네 자손이 큰 재물을 이끌고 나오리라"(창 15:13~14)

제 일 원인은 스스로 낮아지셔서 아브라함과 맺은 언약을 신실하게 이행하시기 위한 하나님의 성실하심 때문입니다. 가까운 원인은 하나님께서 쓰시는 요셉과 바로 때문입니다.

> "요셉이 바로에게 가서 고하여 이르되 내 아버지와 내 형들과 그들의 양과 소와 모든 소유가 가나안 땅에서 와서 고센 땅에 있나이다 하고 그의 형들 중 다섯 명을 택하여 바로에게 보이니 바로가 요셉의 형들에게 묻되 너희 생업이 무엇이냐 그들이 바로에게 대답하되 종들은 목자이온데 우리와 선조가 다 그러하니이다 하고 그들이 또 바로에게 고하되 가나안 땅에 기근이 심하여 종들의 양 떼를 칠 곳이 없기로 종들이 이 곳에 거류하고자 왔사오니 원하건대 종들로 고센 땅에 살게 하소서 바로가 요셉에게 말하여 이르되 네 아버지와 형들이 네게 왔은즉 애굽 땅이 네 앞에 있으니 땅의 좋은 곳에 네 아버지와 네 형들이 거주하게 하되 그들이 고센 땅에 거주하고 그들 중에 능력 있는 자가 있거든 그들로 내 가축을 관리하게 하라"(창 47:1~6)

"요셉이 바로의 명령대로 그의 아버지와 그의 형들에게 거주할 곳을 주되 애굽의 좋은 땅 라암셋을 그들에게 주어 소유로 삼게 하고 또 그의 아버지와 그의 형들과 그의 아버지의 온 집에 그 식구를 따라 먹을 것을 주어 봉양하였더라"(창 47:11~12)

모든 일의 제 일원은 하나님입니다. 하나님의 허락하심이 없이는 어떠한 일도 일어날수가 없습니다.

가까운 원인은 하나님께서 쓰시는 사람들입니다.

하나님께서는 천지의 대주재로 영원히 존재하시며 모든 만물들을 다스리는 만 왕의 왕이시고 만 주의 주이십니다.

하나님께서 허락하시는 모든 일들은 그리스도인들에게 유익이 됩니다.

"우리가 알거니와 하나님을 사랑하는 자 곧 그의 뜻대로 부르심을 입은 자들에게는 모든 것이 합력하여 선을 이루느니라"(롬 8:28)

"누가 우리를 그리스도의 사랑에서 끊으리요 환난이나 곤고나 박해나 기근이나 적신이나 위험이나 칼이랴 기록된 바 우리가 종일 주를 위하여 죽임을 당하게 되며 도살 당할 양 같이 여김을 받았나이다 함과 같으니라 그러나 이 모든 일에 우리를 사랑하시는 이로 말미암아 우리가 넉넉히 이기느니라 내가 확신하노니 사망이나 생명이나 천사들이나 권세자들이나 현재 일이나 장래 일이나 능력이나 높음이나 깊음이나 다른 어떤 피조물이라도 우리를 우리 주 그리스도 예수 안에 있는 하나님의 사랑에서 끊을 수 없으리라"(롬 8:35~39)

그러므로 성삼위 하나님의 은혜로 하나님의 주권적 다스림에 감사하며 하나님을 영화롭게 하는 우리 모두가 되기를 기도합니다.

창세기 48장 5절

"내가 애굽으로 와서 네게 이르기 전에 애굽에서 네가 낳은 두 아들 에브라임과 므낫세는 내 것이라 르우벤과 시므온처럼 내 것이 될 것이요"(개역개정판)

"그리고 이제 내가 애굽으로 너에게 오기 전에 애굽 땅에서 너에게 태어난 두 아들은 내 것이다. 에브라임과 므난세는 르우벤 같이 그리고 시므온 같이 내 것이다"(원문직역)

창세기 48장은 야곱이 요셉과 요셉의 두 아들들에게 축복하는 계시의 말씀입니다. 야곱은 르우벤이 장자이지만 라헬의 소생인 요셉에게 장자의 복을 주었습니다.

"내가 애굽으로 와서 네게 이르기 전에 애굽에서 네가 낳은 두 아들 에브라임과 므낫세는 내 것이라 르우벤과 시므온처럼 내 것이 될 것이요 이들 후의 네 소생은 네 것이 될 것이며 그들의 유산은 그들의 형의 이름으로 함께 받으리라 내게 대하여는 내가 이전에 밧단에서 올 때에 라헬이 나를 따르는 도중 가나안 땅에서 죽었는데 그 곳은 에브랏까지 길이 아직도 먼 곳이라 내가 거기서 그를 에브랏 길에 장사하였느니라 (에브랏은 곧 베들레헴이라)"(창 48:5~7)

"이스라엘의 장자 르우벤의 아들들은 이러하니라 (르우벤은 장자라도 그의 아버지의 침상을 더럽혔으므로 장자의 명분이 이스라엘의 아들 요셉의 자손에게로 돌아가서 족보에 장자의 명분대로 기록되지 못하였느니라"(대상 5:1)

요셉과 요셉의 두 아들을 축복하는 야곱은?

첫째, 하나님 나라를 복으로 받은 사람입니다.

"이 일 후에 어떤 사람이 요셉에게 말하기를 네 아버지가 병들었다 하므로 그가 곧 두 아들 므낫세와 에브라임과 함께 이르니 어떤 사람이 야곱에게 말하되 네 아들 요셉이 네게 왔다 하매 이스라엘이 힘을 내어 침상에 앉아 요셉에게 이르되 이전에 가나안 땅 루스에서 전능하신 하나님이 내게 나타나사 복을 주시며 내게 이르시되 내가 너로 생육하고 번성하게 하여 네게서 많은 백성이 나게 하고 내가 이 땅을 네 후손에게 주어 영원한 소유가 되게 하리라 하셨느니라"(창 48:1~4)

둘째, 하나님의 주권적 은혜를 찬양하는 사람입니다.

"이스라엘의 눈이 나이로 말미암아 어두워서 보지 못하더라 요셉이 두 아들을 이끌어 아버지 앞으로 나아가니 이스라엘이 그들에게 입맞추고 그들을 안고 요셉에게 이르되 내가 네 얼굴을 보리라고는 생각하지 못하였더니 하나님이 내게 네 자손까지도 보게 하셨도다"(창 48:10~11)

셋째, 삼위일체 하나님의 언약과 부성적 사랑을 아는 사람입니다.

"그가 요셉을 위하여 축복하여 이르되 내 조부 아브라함과 아버지 이삭이 섬기던 하나님, 나의 출생으로부터 지금까지 나를 기르신 하나님,"(창 48:15)

넷째, 중보자 예수 그리스도를 아는 사람입니다.

"나를 모든 환난에서 건지신 여호와의 사자께서 이 아이들에게 복을 주시오며 이들로 내 이름과 내 조상 아브라함과 이삭의 이름으로 칭하게 하시오며 이들이 세상에서 번식되게 하시기를 원하나이다"(창 48:16)

다섯째, 성령님의 다스림을 받는 사람입니다.(창 48:17~22)

"그의 아버지가 허락하지 아니하며 이르되 나도 안다 내 아들아 나도 안다 그도 한 족속이 되며 그도 크게 되려니와 그의 아우가 그보다 큰 자가 되고 그의 자손이 여러 민족을 이루리라 하고 그 날에 그들에게 축복하여 이르되 이스라엘이 너로 말미암아 축복하기를 하나님이 네게 에브라임 같고 므낫세 같게 하시리라 하며 에브라임을 므낫세보다 앞세웠더라"(창 48:19~20)

"내가 네게 네 형제보다 세겜 땅을 더 주었나니 이는 내가 내 칼과 활로 아모리 족속의 손에서 빼앗은 것이니라"(창 48:22)

그리스도인은 하나님 나라 속에서 삼위일체 하나님과 예수 그리스도를 날마다 알아가며 성령님의 다스림을 받는 사람입니다.

그러므로 성삼위 하나님의 은혜로 그리스도인의 바른 위치에서 살아가며 하나님을 영화롭게 하는 우리 모두가 되기를 기도합니다.

창세기 49장 1절

> "야곱이 그 아들들을 불러 이르되 너희는 모이라 너희가 후일에 당할 일을 내가 너희에게 이르리라"(개역개정판)

> "그리고 야곱이 그의 아들들을 불렀다. 그리고 그는 말했다. 너희들은 모이라. 그러면 내가 너희들에게 말할 것이다. 훗날에 너희에게 일어날 일을"(원문직역)

야곱은 임종하기 전 유언이 아닌 계시적 의미의 예언으로 열 두 아들에게 선포하고 있습니다.

야곱의 계시적 의미인 예언의 선포에서 그리스도인들은?

첫째, 음란과 부정과 사욕과 악한 정욕의 다스림을 받아서는 안됩니다.

"르우벤아 너는 내 장자요 내 능력이요 내 기력의 시작이라 위풍이 월등하고 권능이 탁월하다마는 물의 끓음 같았은즉 너는 탁월하지 못하리니 네가 아버지의 침상에 올라 더럽혔음이로다 그가 내 침상에 올랐었도다"(창 49:3~4)

둘째, 혈기와 분노의 다스림을 받아서는 안됩니다.

"시므온과 레위는 형제요 그들의 칼은 폭력의 도구로다 내 혼아 그들의 모의에 상관하지 말지어다 내 영광아 그들의 집회에 참여하지 말지어다 그들이 그들의 분노대로 사람을 죽이고 그들의 혈기대로 소의 발목 힘줄을 끊었음이로다 그 노여움이 혹독하니 저주를 받을 것이요 분기가 맹렬하니 저주를 받을 것이라 내가 그들을 야곱 중에서 나누며 이스라엘 중에서 흩으리로다"(창 49:5~7)

셋째, 하나님의 주권적 은혜와 예수 그리스도로 인해 감사해야 합니다.

"유다야 너는 네 형제의 찬송이 될지라 네 손이 네 원수의 목을 잡을 것이요 네 아버지의 아들들이 네 앞에 절하리로다 유다는 사자 새끼로다 내 아들아 너는 움킨 것을 찢고 올라갔도다 그가 엎드리고 웅크림이 수사자 같고 암사자 같으니 누가 그를 범할 수 있으랴 규가 유다를 떠나지 아니하며 통치자의 지팡이가그 발 사이에서 떠나지 아니하기를 실로가 오시기까지 이르리니 그에게 모든 백성이 복종하리로다 그의 나귀를 포도나무에 매며 그의 암나귀 새끼를 아름다운 포도나무에 맬 것이며 또 그 옷을 포도주에 빨며 그의 복장을 포도즙에 빨리로다 그의 눈은 포도주로 인하여 붉겠고 그의 이는 우유로 말미암아 희리로다"(창 49:8~12)

넷째, 악의와 궤궤의 다스림을 받지 말아야 합니다.

"단은 길섶의 뱀이요 샛길의 독사로다 말굽을 물어서 그 탄 자를 뒤로 떨어지게 하리로다"(창 49:17)

다섯째, 하나님 나라와 의를 위해 살아야 합니다.

"요셉은 무성한 가지 곧 샘 곁의 무성한 가지라 그 가지가 담을 넘었도다 활쏘는 자가 그를 학대하며 적개심을 가지고 그를 쏘았으나 요셉의 활은 도리어 굳세며 그의 팔은 힘이 있으니 이는 야곱의 전능자 이스라엘의 반석인 목자의 손을 힘입음이라 네 아버지의 하나님께로 말미암나니 그가 너를 도우실 것이요 전능자로 말미암나니 그가 네게 복을 주실 것이라 위로 하늘의 복과 아래로 깊은 샘의 복과 젖먹이는 복과 태의 복이리로다 네 아버지의 축복이 내 선조의 축복보다 나아서 영원한 산이 한 없음 같이 이 축복이 요셉의 머리로 돌아오며 그 형제 중 뛰어난 자의 정수리로 돌아오리로다"(창 49:22~26)

여섯째, 호전적이 되어서는 안됩니다.

"베냐민은 물어뜯는 이리라 아침에는 빼앗은 것을 먹고 저녁에는 움킨 것을 나누리로다"(창 49:27)

그리스도인은 하나님 나라 속에서 성령님과 말씀의 다스림을 받으며 하나님 나라를 드러내며 예수 그리스도의 몸 된 교회를 받들어 섬기고 세워나가는 사람들입니다.

그러므로 성삼위 하나님의 은혜로 그리스도인의 바른 위치에서 살아가며 하나님을 영화롭게 하는 우리 모두가 되기를 기도합니다.

창세기 50장 24절

"요셉이 그 형제에게 이르되 나는 죽으나 하나님이 너희를 권고하시고 너희를 이 땅에서 인도하여 내사 아브라함과 이삭과 야곱에게 맹세하신 땅에 이르게 하시리라 하고"(개역개정판)

"그리고 요셉이 그의 형들에게 말했다. 나는 죽지만 하나님은 당신들을 반드시 돌아보실 것입니다. 그리고 당신들은 이 땅으로부터 아브라함과 이삭과 야곱에게 맹세하신 그 땅으로 올라가게하실 것입니다"(원문직역)

창세기 50장은 야곱의 장례식과 요셉의 죽음을 기록하고 있습니다.

아버지인 야곱의 장례식을 치루고 110세에 천상 교회로 가는 요셉은?

첫째, 하나님 나라를 소망하는 사람입니다.(창 50:1~14)

"곡하는 기한이 지나매 요셉이 바로의 궁에 말하여 가로되 내가 너희에게 은혜를 입었으면 청컨대 바로의 귀에 고하기를 우리 아버지가 나로 맹세하게 하여 이르되 내가 죽거든 가나안 땅에 내가 파서 둔 묘실에 나를 장사하라 하였나니 나로 올라가서 아버지를 장사하게 하소서 내가 다시 오리이다 하라 하였더니 바로가 가로되 그가 네게 시킨 맹세대로 올라가서 네 아비를 장사하라"(창 50:4~6)

"요셉이 그 형제에게 이르되 나는 죽으나 하나님이 너희를 권고하시고 너희를 이 땅에서 인도하여 내사 아브라함과 이삭과 야곱에게 맹세하신 땅에 이르게 하시리라 하고 요셉이 또 이스라엘 자손에게 맹세시켜 이르기를 하나님이 정녕 너희를 권고하시리니 너희는 여기서 내 해골을 메고 올라가겠다 하라 하였더라 요셉이 일백십 세에 죽으매 그들이 그의 몸에 향 재료를 넣고 애굽에서 입관하였더라"(창 50:24~26)

둘째, 긍휼의 사람입니다.(창 50:15~17)

"너희는 이같이 요셉에게 이르라 네 형들이 네게 악을 행하였을지라도 이제 바라건대 그 허물과 죄를 용서하라 하셨다 하라 하셨나니 당신의 아버지의 하나님의 종들의 죄를 이제 용서하소서 하매 요셉이 그 말을 들을 때에 울었더라"(창 50:17)

셋째, 하나님의 섭리에 순종하는 사람입니다.

"요셉이 그들에게 이르되 두려워 마소서 내가 하나님을 대신하리이까 당신들은 나를 해하려 하였으나 하나님은 그것을 선으로 바꾸사 오늘과 같이 만민의 생명을 구원하게 하시려 하셨나니 당신들은 두려워 마소서 내가 당신들과 당신들의 자녀를 기르리이다 하고 그들을 간곡한 말로 위로하였더라"(창 50:19~21)

그리스도인은 하나님 나라 속에서 하나님의 주권적 다스림에 순종하며 긍휼과 사랑을 베푸는 사람입니다.

그러므로 성삼위 하나님의 은혜로 그리스도인의 바른 위치에서 살아가며 하나님을 영화롭게 하는 우리 모두가 되기를 기도합니다.

출애굽기

출애굽기 1장 17절

"그러나 산파들이 하나님을 두려워하여 애굽 왕의 명령을 어기고 남자 아기들을 살린지라"(개역개정판)

"그러나 그 산파들이 그 하나님을 두려워했다. 그리고 그들은 애굽의 왕이 그들에게 명령한 것같이 하지 않았다. 그리고 그녀들은 그 사내 아이들을 살려 주었다"(원문직역)

출애굽기 1장은 이스라엘의 생육의 번성함과 애굽의 핍박을 기록하고 있습니다.

이스라엘의 생육의 번성함과 애굽의 핍박을 허락하시는 하나님은?

첫째, 언약을 신실하게 이행하시는 분입니다.

"요셉과 그의 모든 형제와 그 시대의 사람은 다 죽었고 이스라엘 자손은 생육하고 불어나 번성하고 매우 강하여 온 땅에 가득하게 되었더라"(출 1:6~7)

"그 밤에 여호와께서 그에게 나타나 이르시되 나는 네 아버지 아브라함의 하나님이니 두려워하지 말라 내 종 아브라함을 위하여 내가 너와 함께 있어 네게 복을 주어 네 자손이 번성하게 하리라 하신지라"(창 26:24)

"하나님이 이르시되 나는 하나님이라 네 아버지의 하나님이니 애굽으로 내려가기를 두려워하지 말라 내가 거기서 너로 큰 민족을 이루게 하리라"(창 46:3)

둘째, 고난을 허락하시며 가나안 이주를 준비하시는 분입니다.

"요셉을 알지 못하는 새 왕이 일어나 애굽을 다스리더니 그가 그 백성에게 이르되 이 백성 이스라엘 자손이 우리보다 많고 강하도다 자, 우리가 그들에게 대하여 지혜롭게 하자 두렵건대 그들이 더 많게 되면 전쟁이 일어날 때에 우리 대적과 합하여 우리와 싸우고 이 땅에서 나갈까 하노라 하고 감독들을 그들 위에 세우고 그들에게 무거운 짐을 지워 괴롭게 하여 그들에게 바로를 위하여 국고성 비돔과 라암셋을 건축하게 하니라 그러나 학대를 받을수록 더욱 번성하여 퍼져나가니 애굽 사람이 이스라엘 자손으로 말미암아 근심하여 이스라엘 자손에게 일을 엄하게 시켜 어려운 노동으로 그들의 생활을 괴롭게 하니 곧 흙 이기기와 벽돌 굽기와 농사의 여러 가지 일이라 그 시키는 일이 모두 엄하였더라"(출 1:8~14)

셋째, 하나님을 두려워하는 이들에게 은혜와 복을 주시는 분입니다.(출 1:15~22)

"그러나 산파들이 하나님을 두려워하여 애굽 왕의 명령을 어기고 남자 아기들을 살린지라 애굽 왕이 산파를 불러 그들에게 이르되 너희가 어찌하여 이같이 남자 아기들을 살렸느냐 산파가 바로에게 대답하되 히브리 여인은 애굽 여인과 같지 아니하고 건장하여 산파가 그들에게 이르기 전에 해산하였더이다 하매 하나님이 그 산파들에게 은혜를 베푸시니 그 백성은 번성하고 매우 강해지니라 그 산파들은 하나님을 경외하였으므로 하나님이 그들의 집안을 흥왕하게 하신지라"(출 1:17~21)

하나님께서는 언약을 신실하게 이행하시는 분입니다.

그러므로 성삼위 하나님의 은혜로 언약의 은총에 살아가며 하나님을 영화롭게 하는 우리 모두가 되기를 기도합니다.

출애굽기 2장 10절

"그 아기가 자라매 바로의 딸에게로 데려가니 그가 그의 아들이 되니라 그가 그의 이름을 모세라 하여 이르되 이는 내가 그를 물에서 건져내었음이라 하였더라"(개역개정판)

"그리고 그 아이가 자랐다. 그러자 그녀가 그를 바로의 딸에게 데려갔다. 그래서 그는 그녀의 아들이 되었다. 그리고 그녀는 그의 이름을 모세라고 불렀다. 그리고 그녀가 말했다. 이는 그 물들로부터 내가 그를 건졌기 때문이다"(원문직역)

이스라엘 백성들을 출애굽 시키는 모세는?

첫째, 예수 그리스도를 예표하는 사람입니다.

"레위 가족 중 한 사람이 가서 레위 여자에게 장가 들어 그 여자가 임신하여 아들을 낳으니 그가 잘 생긴 것을 보고 석 달 동안 그를 숨겼으나"(출 2:1~2)

모세는 하나님께서 아브라함에게 언약하신 것을 이루게 하시기 위해 태어난 사람입니다.

"여호와께서 아브람에게 이르시되 너는 반드시 알라 네 자손이 이방에서 객이 되어 그들을 섬기겠고 그들은 사백 년 동안 네 자손을 괴롭히리니 그들이 섬기는 나라를 내가 징벌할지며 그 후에 네 자손이 큰 재물을 이끌고 나오리라"(창 15:13~14)

"여러 해 후에 애굽 왕은 죽었고 이스라엘 자손은 고된 노동으로 말미암아 탄식하며 부르짖으니 그 고된 노동으로 말미암아 부르짖는 소리가 하나님께 상달된지라 하나님이 그들의 고통 소리를 들으시고 하나님이 아브라함과 이삭과 야곱에게 세운 그의 언약을 기억하사 하나님이 이스라엘 자손을 돌보셨고 하나님이 그들을 기억하셨더라"(출 2:23~25)

하나님께서 아브라함과 맺은 언약을 이루시는 실체는 예수 그리스도입니다.

둘째, 하나님의 거룩한 섭리로 다스림을 받은 사람입니다.

"더 숨길 수 없게 되매 그를 위하여 갈대 상자를 가져다가 역청과 나무 진을 칠하고 아기를 거기 담아 나일 강 가 갈대 사이에 두고 그의 누이가 어떻게 되는지를 알려고 멀리 섰더니 바로의 딸이 목욕하러 나일 강으로 내려오고 시녀들은 나일 강 가를 거닐 때에 그가 갈대 사이의 상자를 보고 시녀를 보내어 가져다가 열고 그 아기를 보니 아기가 우는지라 그가 그를 불쌍히 여겨 이르되 이는 히브리 사람의 아기로다 그의 누이가 바로의 딸에게 이르되 내가 가서 당신을 위하여 히브리 여인 중에서 유모를 불러다가 이 아기에게 젖을 먹이게 하리이까 바로의 딸이 그에게 이르되 가라 하매 그 소녀가 가서 그 아기의 어머니를 불러오니 바로의 딸이 그에게 이르되 이 아기를 데려다가 나를 위하여 젖을 먹이라 내가 그 삯을 주리라 여인이 아기를 데려다가 젖을 먹이더니 그 아기가 자라매 바로의 딸에게로 데려가니 그가 그의 아들이 되니라 그가 그의 이름을 모세라 하여 이르되 이는 내가 그를 물에서 건져내었음이라 하였더라"(출 2:3~10)

셋째, 왕궁과 광야에서 연단 받은 사람입니다.(출 2:11~23)

"바로가 이 일을 듣고 모세를 죽이고자 하여 찾는지라 모세가 바로의 낯을 피하여 미디안 땅에 머물며 하루는 우물 곁에 앉았더라"(출 2:15)

"모세가 그와 동거하기를 기뻐하매 그가 그의 딸 십보라를 모세에게 주었더니 그가 아들을 낳으매 모세가 그의 이름을 게르솜이라 하여 이르되 내가 타국에서 나그네가 되었음이라 하였더라"(출 2:21~22)

예수 그리스도의 지체되는 그리스도인들은 하나님 나라와 의를 위하여 연단받고 보존되고 쓰임받는 사람들입니다.

그러므로 성삼위 하나님의 은혜로 하나님 나라를 위해 살아가며 하나님을 영화롭게 하는 우리 모두가 되기를 기도합니다.

출애굽기 3장 15절

"하나님이 또 모세에게 이르시되 너는 이스라엘 자손에게 이같이 이르기를 너희 조상의 하나님 여호와 곧 아브라함의 하나님, 이삭의 하나님, 야곱의 하나님께서 나를 너희에게 보내셨다 하라 이는 나의 영원한 이름이요 대대로 기억할 나의 칭호니라"(개역개정판)

"그리고 하나님께서 다시 모세에게 말씀하셨다. 너는 이스라엘 아들들에게 이렇게 말해야 할 것이다. 여호와는 너희들의 조상의 하나님 즉 아브라함의 하나님 이삭의 하나님 그리고 야곱의 하나님이시다. 그가 나를 너희들에게 보내셨다. 이것이 영원한 나의 이름이다. 그리고 이것은 대대로 나의 기억이다"(원문직역)

출애굽기 3장은 하나님께서 모세를 부르시는 말씀입니다.

모세를 부르시는 하나님은?

첫째, 거룩하신 분입니다.(출 3:1~5)

"여호와께서 그가 보려고 돌이켜 오는 것을 보신지라 하나님이 떨기나무 가운데서 그를 불러 이르시되 모세야 모세야 하시매 그가 이르되 내가 여기 있나이다 하나님이 이르시되 이리로 가까이 오지 말라 네가 선 곳은 거룩한 땅이니 네 발에서 신을 벗으라"(출 3:4~5)

둘째, 기도를 들으시고 응답하시는 분입니다.(출 3:6~10)

"여호와께서 이르시되 내가 애굽에 있는 내 백성의 고통을 분명히 보고 그들이 그들의 감독자로 말미암아 부르짖음을 듣고 그 근심을 알고 내가 내려가서 그들을 애굽인의 손에서 건져내고 그들을 그 땅에서 인도하여 아름답고 광대한 땅, 젖과 꿀이 흐르는 땅 곧 가나안 족속, 헷 족속, 아모리 족속, 브리스 족속, 히위 족속, 여부스 족속의 지방에 데려가려 하노라"(출 3:7~8)

셋째, 동행하시는 분입니다.

"모세가 하나님께 아뢰되 내가 누구이기에 바로에게 가며 이스라엘 자손을 애굽에서 인도하여 내리이까 하나님이 이르시되 내가 반드시 너와 함께 있으리라 네가 그 백성을 애굽에서 인도하여 낸 후에 너희가 이 산에서 하나님을 섬기리니 이것이 내가 너를 보낸 증거니라"(출 3:11~12)

넷째, "아도나이 아쉐르 아도나이"('나는 나'이다)이신 분입니다.

"하나님이 모세에게 이르시되 나는 스스로 있는 자이니라 또 이르시되 너는 이스라엘 자손에게 이같이 이르기를 스스로 있는 자가 나를 너희에게 보내셨다 하라"(출 3:14)

"아도나이 아쉐르 아도나이"의 성호는 하나님의 존재 양식, 즉 하나님은 역사 위에 항상 존재하시는 삼위일체 하나님이시라는 뜻입니다.

다섯째, 언약을 신실하게 이행하시는 분입니다.

"하나님이 또 모세에게 이르시되 너는 이스라엘 자손에게 이같이 이르기를 너희 조상의 하나님 여호와 곧 아브라함의 하나님, 이삭의 하나님, 야곱의 하나님께서 나를 너희에게 보내셨다 하라 이는 나의 영원한 이름이요 대대로 기억할 나의 칭호니라"(출 3:15)

"내가 애굽 사람으로 이 백성에게 은혜를 입히게 할지라 너희가 나갈 때에 빈손으로 가지 아니하리니 여인들은 모두 그 이웃 사람과 및 자기 집에 거류하는 여인에게 은 패물과 금 패물과 의복을 구하여 너희의 자녀를 꾸미라 너희는 애굽 사람들의 물품을 취하리라"(출 3:21~22)

역사 위에 항상 존재하시며 피조물들을 보존하시고 다스리시는 삼위일체 하나님께서는 스스로 낮아지셔서 맺으신 언약을 신실하게 이행하시고 자충족하시고 인생들을 도구로 쓰시는 분입니다.

그러므로 성삼위 하나님의 은혜로 하나님을 경외하며 영화롭게 하는 우리 모두가 되기를 기도합니다.

출애굽기 4장 12절

"이제 가라 내가 네 입과 함께 있어서 할 말을 가르치리라"(개역개정판)

"그리고 이제 너는 가라. 그리고 내가 너의 입과 함께 있을 것이다. 그리고 내가 네가 말할 것을 가르칠 것이다"(원문직역)

모세에게 사명을 주시고 애굽으로 보내시는 하나님은?

첫째, 동행하시는 분입니다.(출 4:1~5)

"이는 그들에게 그들의 조상의 하나님 곧 아브라함의 하나님, 이삭의 하나님, 야곱의 하나님 여호와가 네게 나타난 줄을 믿게 하려 함이라 하시고"(출 4:5)

둘째, 능력을 주시는 분입니다.(출 4:6~9)

"여호와께서 이르시되 만일 그들이 너를 믿지 아니하며 그 처음 표적의 표징을 받지 아니하여도 나중 표적의 표징은 믿으리라 그들이 이 두 이적을 믿지 아니하며 네 말을 듣지 아니하거든 너는 나일 강 물을 조금 떠다가 땅에 부으라 네가 떠온 나일 강 물이 땅에서 피가 되리라"(출 4:8~9)

셋째, 가르치시는 분입니다.

"이제 가라 내가 네 입과 함께 있어서 할 말을 가르치리라"(출 4:12)

넷째, 동역자를 주시는 분입니다.(출 4:13~17, 27~31)

"여호와께서 모세를 향하여 노하여 이르시되 레위 사람 네 형 아론이 있지 아니하냐 그가 말 잘 하는 것을 내가 아노라 그가 너를 만나러 나오나니 그가 너를 볼 때에 그의 마음에 기쁨이 있을 것이라 너는 그에게 말하고 그의 입에 할 말을 주라 내가 네 입과 그의 입에 함께 있어서 너희들이 행할 일을 가르치리라 그가 너를 대신하여 백성에게 말할 것이니 그는 네 입을 대신할 것이요 너는 그에게 하나님 같이 되리라"(출 4:14~16)

"모세와 아론이 가서 이스라엘 자손의 모든 장로를 모으고 아론이 여호와께서 모세에게 이르신 모든 말씀을 전하고 그 백성 앞에서 이적을 행하니 백성이 믿으며 여호와께서 이스라엘 자손을 찾으시고 그들의 고난을 살피셨다 함을 듣고 머리 숙여 경배하였더라"(출 4:29~31)

다섯째, 환경을 주장하시는 분입니다.

"모세가 그의 장인 이드로에게로 돌아가서 그에게 이르되 내가 애굽에 있는 내 형제들에게로 돌아가서 그들이 아직 살아 있는지 알아보려 하오니 나로 가게 하소서 이드로가 모세에게 평안히 가라 하니라 여호와께서 미디안에서 모세에게 이르시되 애굽으로 돌아가라 네 목숨을 노리던 자가 다 죽었느니라"(출 4:18~19)

여섯째, 성결을 요구하시는 분입니다.

"모세가 길을 가다가 숙소에 있을 때에 여호와께서 그를 만나사 그를 죽이려 하신지라 십보라가 돌칼을 가져다가 그의 아들의 포피를 베어 그의 발에 갖다 대며 이르되 당신은 참으로 내게 피 남편이로다 하니 여호와께서 그를 놓아 주시니라 그 때에 십보라가 피 남편이라 함은 할례 때문이었더라"(출 4:24~26)

사명을 주시는 하나님께서는 사명을 감당케 하기 위하여 은혜를 베풀어 주시는 분입니다.

그러므로 성삼위 하나님의 은혜로 사명을 감당하며 하나님을 영화롭게 하는 우리 모두가 되기를 기도합니다.

출애굽기 5장 2절

"바로가 이르되 여호와가 누구이기에 내가 그의 목소리를 듣고 이스라엘을 보내겠느냐 나는 여호와를 알지 못하니 이스라엘을 보내지 아니하리라"(개역개정판)

"그리고 바로가 말했다. 여호와가 누구이기에 이스라엘을 보내도록 내가 그의 소리를 들어야 하느냐? 나는 여호와를 알지 못한다. 그리고 또한 이스라엘을 나는 보내지 않을 것이다"(원문직역)

출애굽기 5장은 모세의 이스라엘 백성들에 대한 해방 요구와 바로의 거부와 박해를 다루고 있습니다.

하나님의 말씀을 거부하고 이스라엘 백성들을 박해하는 바로는?

첫째, 하나님의 다스림을 거부합니다.

"바로가 이르되 여호와가 누구이기에 내가 그의 목소리를 듣고 이스라엘을 보내겠느냐"(출 5:2상)

둘째, 하나님을 알지 못합니다.

"나는 여호와를 알지 못하니 이스라엘을 보내지 아니하리라"(출 5:2하)

셋째, 하나님을 두려워하지 않습니다.

"그들이 이르되 히브리인의 하나님이 우리에게 나타나셨은즉 우리가 광야로 사흘길쯤 가서 우리 하나님 여호와께 제사를 드리려 하오니 가도록 허락하소서 여호와께서 전염병이나 칼로 우리를 치실까 두려워하나이다 애굽 왕이 그들에게 이르

되 모세와 아론아 너희가 어찌하여 백성의 노역을 쉬게 하려느냐 가서 너희의 노역이나 하라"(출 5:3~4)

넷째, 하나님 말씀을 듣지 못하게 합니다.

"바로가 그 날에 백성의 감독들과 기록원들에게 명령하여 이르되 너희는 백성에게 다시는 벽돌에 쓸 짚을 전과 같이 주지 말고 그들이 가서 스스로 짚을 줍게 하라 또 그들이 전에 만든 벽돌 수효대로 그들에게 만들게 하고 감하지 말라 그들이 게으르므로 소리 질러 이르기를 우리가 가서 우리 하나님께 제사를 드리자 하나니 그 사람들의 노동을 무겁게 함으로 수고롭게 하여 그들로 거짓말을 듣지 않게 하라"(출 5:6~9)

다섯째, 의롭지 못한 판결을 합니다.

"이스라엘 자손의 기록원들이 가서 바로에게 호소하여 이르되 왕은 어찌하여 당신의 종들에게 이같이 하시나이까 당신의 종들에게 짚을 주지 아니하고 그들이 우리에게 벽돌을 만들라 하나이다 당신의 종들이 매를 맞사오니 이는 당신의 백성의 죄니이다 바로가 이르되 너희가 게으르다 게으르다 그러므로 너희가 이르기를 우리가 가서 여호와께 제사를 드리자 하는도다 이제 가서 일하라 짚은 너희에게 주지 않을지라도 벽돌은 너희가 수량대로 바칠지니라"(출 5:15~18)

인생의 복은 하나님의 다스림을 받으며 날마다 하나님을 알아가는 것 입니다.

그러므로 성삼위 하나님의 은혜로 날마다 하나님을 알아가며 하나님을 영화롭게 하는 우리 모두가 되기를 기도합니다.

출애굽기 6장 2절

"하나님이 모세에게 말씀하여 이르시되 나는 여호와이니라"(개역개정판)

"그리고 하나님이 모세에게 말씀하셨다. 그가 그에게 말씀하셨다. 나는 여호와다"(원문직역)

출애굽기 6장은 하나님 말씀을 바로에게 전파한 후 바로의 학대와 고역으로 인한 이스라엘 백성들의 불신으로 실망한 모세에게 위로와 언약의 말씀입니다.

모세에게 위로와 언약의 말씀을 주시는 하나님은?

첫째, 언약을 신실하게 이행하시는 분입니다.(출 6:1~5)

"하나님이 모세에게 말씀하여 이르시되 나는 여호와이니라 내가 아브라함과 이삭과 야곱에게 전능의 하나님으로 나타났으나 나의 이름을 여호와로는 그들에게 알리지 아니하였고 가나안 땅 곧 그들이 거류하는 땅을 그들에게 주기로 그들과 언약하였더니 이제 애굽 사람이 종으로 삼은 이스라엘 자손의 신음 소리를 내가 듣고 나의 언약을 기억하노라"(출 6:2~5)

둘째, 영생을 주시는 분입니다.

"그러므로 이스라엘 자손에게 말하기를 나는 여호와라 내가 애굽 사람의 무거운 짐 밑에서 너희를 빼내며 그들의 노역에서 너희를 건지며 편 팔과 여러 큰 심판들로써 너희를 속량하여 너희를 내 백성으로 삼고 나는 너희의 하나님이 되리니 나는 애굽 사람의 무거운 짐 밑에서 너희를 빼낸 너희의 하나님 여호와인 줄 너희가 알지라"(출 6:6~7)

"영생은 곧 유일하신 참 하나님과 그가 보내신 자 예수 그리스도를 아는 것이니이다"(요 17:3)

셋째, 하나님 나라를 주시는 분입니다.

"내가 아브라함과 이삭과 야곱에게 주기로 맹세한 땅으로 너희를 인도하고 그 땅을 너희에게 주어 기업을 삼게 하리라 나는 여호와라 하셨다 하라"(출 6:8)

넷째, 출애굽 시키시는 분입니다.

"여호와께서 모세와 아론에게 말씀하사 그들로 이스라엘 자손과 애굽 왕 바로에게 명령을 전하고 이스라엘 자손을 애굽 땅에서 인도하여 내게 하시니라"(출 6:13)

"여호와께서 모세에게 말씀하여 이르시되 나는 여호와라 내가 네게 이르는 바를 너는 애굽 왕 바로에게 다 말하라"(출 6:29)

"아도나이"(여호와, 주)란 성호는?

"천지의 대주재로 영원히 존재하시며 스스로 낮아지셔서 당신의 나라와 교회와 백성들과 거룩한 언약을 맺으시고 그 맺으신 언약을 이루시기 위하여 은혜를 베풀어 주시는 분" 입니다.

그러므로 성삼위 하나님의 은혜로 "아도나이"(여호와, 주)를 사랑하며 영화롭게 하는 우리 모두가 되기를 기도합니다.

출애굽기 7장 5절

"내가 내 손을 애굽 위에 펴서 이스라엘 자손을 그 땅에서 인도하여 낼 때에야 애굽 사람이 나를 여호와인 줄 알리라 하시매"(개역개정판)

"그리고 애굽 사람들은 내가 애굽 위에 나의 손을 내밀어 그들 중에서 이스라엘 아들들을 나오게 할 때 내가 여호와인 줄 알 것이다"(원문직역)

하나님께서는 애굽 사람들에게 이스라엘의 하나님이 "아도나이"(여호와, 주)임을 가르치시기 위해?

첫째, 모세에게 능력과 권세를 주셨습니다.

"여호와께서 모세에게 이르시되 볼지어다 내가 너를 바로에게 신 같이 되게 하였은즉"(출 7:1상)

둘째, 하나님의 대언자가 되게 하셨습니다.

"네 형 아론은 네 대언자가 되리니 내가 네게 명령한 바를 너는 네 형 아론에게 말하고 그는 바로에게 말하여 그에게 이스라엘 자손을 그 땅에서 내보내게 할지니라"(출 7:1하~2)

셋째, 바로의 마음이 강퍅케 되는 것을 허락하셨습니다.

"내가 바로의 마음을 완악하게 하고 내 표징과 내 이적을 애굽 땅에서 많이 행할 것이나 바로가 너희의 말을 듣지 아니할 터인즉 내가 내 손을 애굽에 뻗쳐 여러 큰 심판을 내리고 내 군대, 내 백성 이스라엘 자손을 그 땅에서 인도하여 낼지라"(출 7:3~4)

"그러나 바로의 마음이 완악하여 그들의 말을 듣지 아니하니 여호와의 말씀과 같더라 여호와께서 모세에게 이르시되 바로의 마음이 완강하여 백성 보내기를 거절하는도다"(출 7:13~14)

"애굽 요술사들도 자기들의 요술로 그와 같이 행하므로 바로의 마음이 완악하여 그들의 말을 듣지 아니하니 여호와의 말씀과 같더라"(출 7:22)

넷째, 참 이적을 행하게 하셨습니다.

"바로가 너희에게 이르기를 너희는 이적을 보이라 하거든 너는 아론에게 말하기를 너의 지팡이를 들어서 바로 앞에 던지라 하라 그것이 뱀이 되리라 모세와 아론이 바로에게 가서 여호와께서 명령하신 대로 행하여 아론이 바로와 그의 신하 앞에 지팡이를 던지니 뱀이 된지라"(출 7:9~10)

"모세와 아론이 여호와께서 명령하신 대로 행하여 바로와 그의 신하의 목전에서 지팡이를 들어 나일 강을 치니 그 물이다 피로 변하고 나일 강의 고기가 죽고 그 물에서는 악취가 나니"(출 7:20~21상)

다섯째, 거짓 이적을 허락하셨습니다.

"바로도 현인들과 마술사들을 부르매 그 애굽 요술사들도 그들의 요술로 그와 같이 행하되 각 사람이 지팡이를 던지매 뱀이 되었으나 아론의 지팡이가 그들의 지팡이를 삼키니라"(출 7:11~12)

"애굽 요술사들도 자기들의 요술로 그와 같이 행하므로 바로의 마음이 완악하여 그들의 말을 듣지 아니하니 여호와의 말씀과 같더라"(출 7:22)

여섯째, 애굽 사람들을 고통스럽게 하셨습니다.

"애굽 사람들은 나일 강 물을 마실 수 없으므로 나일 강 가를 두루 파서 마실 물을 구하였더라"(출 7:24)

하나님께서 하나님 말씀으로 우리들에게 "아도나이"(여호와, 주) 되심을 깨닫게 하고 알게 하는 것이 큰 복입니다.

그러므로 성삼위 하나님의 은혜로 "아도나이"를 사랑하며 영화롭게 하는 우리 모두가 되기를 기도합니다.

출애굽기 8장 2절

"네가 만일 보내기를 거절하면 내가 개구리로 너의 온 땅을 치리라"(개역개정판)

"그리고 만일 네가 보내기를 거절한다면 보라. 내가 개구리들로 네 모든 영토를 칠 것이다"(원문직역)

하나님께서는 하나님 말씀에 불순종하는 바로 때문에 애굽의 모든 땅에 개구리 재앙과 이 재앙과 파리 재앙으로 치셨습니다.

재앙으로 치신 이유는?

첫째, 여호와만 참 하나님이심을 알게 하기 위함입니다.

"그가 이르되 내일이니라 모세가 이르되 왕의 말씀대로 하여 왕에게 우리 하나님 여호와와 같은 이가 없는 줄을 알게 하리니"(출 8:10)

둘째, 기도를 응답하시는 살아계시는 분이심을 알게 하기 위함입니다.

"모세와 아론이 바로를 떠나 나가서 바로에게 내리신 개구리에 대하여 모세가 여호와께 간구하매 여호와께서 모세의 말대로 하시니 개구리가 집과 마당과 밭에서부터 나와서 죽은지라"(출 8:12~13)

"모세가 바로를 떠나 나와서 여호와께 간구하니 여호와께서 모세의 말대로 하시니 그 파리 떼가 바로와 그의 신하와 그의 백성에게서 떠나니 하나도 남지 아니하였더라"(출 8:30~31)

셋째, 말씀을 이루시는 분이심을 알게 하기 위함입니다.

“그러나 바로가 숨을 쉴 수 있게 됨을 보았을 때에 그의 마음을 완강하게 하여 그들의 말을 듣지 아니하였으니 여호와께서 말씀하신 것과 같더라”(출 8:15)

“바로의 마음이 완악하게 되어 그들의 말을 듣지 아니하였으니 여호와의 말씀과 같더라”(출 8:19하)

넷째, 전능하신 분이심을 알게 하기 위함입니다.

“요술사가 바로에게 말하되 이는 하나님의 권능이니이다 하였으나”(출 8:19상)

다섯째, 거룩하신 분이심을 알게 하기 위함입니다.

“그 날에 나는 내 백성이 거주하는 고센 땅을 구별하여 그 곳에는 파리가 없게 하리니 이로 말미암아 이 땅에서 내가 여호와인 줄을 네가 알게 될 것이라”(출 8:22)

하나님만이 살아계신 참 하나님이십니다.

그러므로 성삼위 하나님의 은혜로 하나님을 사랑하며 영화롭게 하는 우리 모두가 되기를 기도합니다.

출애굽기 9장 3절

"여호와의 손이 들에 있는 네 가축 곧 말과 나귀와 낙타와 소와 양에게 더하리니 심한 돌림병이 있을 것이며"(개역개정판)

"보라 여호와의 손이 들에 있는 네 가축들 위에 있을 것이다. 그 말들과 그 나귀와 그 약대와 그 황소와 그리고 그 양에 매우 심한 염병으로"(원문직역)

하나님께서는 하나님 말씀에 불순종하는 바로와 애굽 전역을 악질 재앙과 독종 재앙과 우박 재앙으로 치셨습니다.

그 이유는?

첫째, 여호와 하나님만이 이스라엘의 하나님이심을 가르치기 위함입니다.

"여호와의 손이 들에 있는 네 가축 곧 말과 나귀와 낙타와 소와 양에게 더하리니 심한 돌림병이 있을 것이며 여호와가 이스라엘의 가축과 애굽의 가축을 구별하리니 이스라엘 자손에게 속한 것은 하나도 죽지 아니하리라 하셨다 하라 하시고 여호와께서 기한을 정하여 이르시되 여호와가 내일 이 땅에서 이 일을 행하리라 하시더니 이튿날에 여호와께서 이 일을 행하시니 애굽의 모든 가축은 죽었으나 이스라엘 자손의 가축은 하나도 죽지 아니한지라"(출 9:3~6)

둘째, 천지의 대주재이심을 가르치기 위함입니다.

"내가 이번에는 모든 재앙을 너와 네 신하와 네 백성에게 내려 온 천하에 나와 같은 자가 없음을 네가 알게 하리라"(출 9:14)

"모세가 그에게 이르되 내가 성에서 나가서 곧 내 손을 여호와를 향하여 펴리니 그리하면 우렛소리가 그치고 우박이 다시 있지 아니할지라 세상이 여호와께 속한 줄을 왕이 알리이다"(출 9:29)

셋째, 전능하신 분이심을 가르치기 위함입니다.

"내가 너를 세웠음은 나의 능력을 네게 보이고"(출 9:16상)

넷째, 하나님의 이름을 온 천하에 선포하기 위함입니다.

"내 이름이 온 천하에 전파되게 하려 하였음이니라"(출 9:16하)

다섯째, 하나님 말씀에 순종하게 하기 위함입니다.

"이제 사람을 보내어 네 가축과 네 들에 있는 것을 다 모으라 사람이나 짐승이나 무릇 들에 있어서 집에 돌아오지 않는 것들에게는 우박이 그 위에 내리리니 그것들이 죽으리라 하셨다 하라 하시니라 바로의 신하 중에 여호와의 말씀을 두려워하는 자들은 그 종들과 가축을 집으로 피하여 들였으나 여호와의 말씀을 마음에 두지 아니하는 사람은 그의 종들과 가축을 들에 그대로 두었더라"(출 9:19~21)

하나님 말씀에 순종하는 것이 인생의 본분이고 인생의 복입니다.

그러므로 성삼위 하나님의 은혜로 하나님 말씀에 순종하며 하나님을 영화롭게 하는 우리 모두가 되기를 기도합니다.

출애굽기 10장 12절

"여호와께서 모세에게 이르시되 애굽 땅 위에 네 손을 내밀어 메뚜기를 애굽 땅에 올라오게 하여 우박에 상하지 아니한 밭의 모든 채소를 먹게 하라"(개역개정판)

"그리고 여호와께서 모세에게 말씀하셨다. 너는 애굽의 땅 위에 네 손을 펴거라. 그 메뚜기로 그래서 그것은 애굽의 땅 위에 올라올 것이며 그것은 그 땅의 모든 식물과 우박이 남긴 모든 것을 먹을 것이다"(원문직역)

하나님께서 메뚜기 재앙과 흑암 재앙으로 애굽의 모든 땅을 치시는 이유는?

첫째, 하나님 성호에 대한 귀한 지식을 알게 하기 위함입니다.

"여호와께서 모세에게 이르시되 바로에게로 들어가라 내가 그의 마음과 그의 신하들의 마음을 완강하게 함은 나의 표징을 그들 중에 보이기 위함이며 네게 내가 애굽에서 행한 일들 곧 내가 그들 가운데에서 행한 표징을 네 아들과 네 자손의 귀에 전하기 위함이라 너희는 내가 여호와인 줄을 알리라"(출 10:1~2)

둘째, 하나님 앞에 겸손해야 하는 것을 가르치기 위함입니다.

"모세와 아론이 바로에게 들어가서 그에게 이르되 히브리 사람의 하나님 여호와께서 말씀하시기를 네가 어느 때까지 내 앞에 겸비하지 아니하겠느냐 내 백성을 보내라 그들이 나를 섬길 것이라"(출 10:3)

셋째, 하나님의 주권을 가르치기 위함입니다.

"그러나 여호와께서 바로의 마음을 완악하게 하셨으므로 이스라엘 자손을 보내지 아니하였더라"(출 10:20)

"여호와께서 바로의 마음을 완악하게 하셨으므로 그들 보내기를 기뻐하지 아니하고"(출 10:27)

"모세에게 이르시되 내가 긍휼히 여길 자를 긍휼히 여기고 불쌍히 여길 자를 불쌍히 여기리라 하셨으니 그런즉 원하는 자로 말미암음도 아니요 달음박질하는 자로 말미암음도 아니요 오직 긍휼히 여기시는 하나님으로 말미암음이니라 성경이 바로에게 이르시되 내가 이 일을 위하여 너를 세웠으니 곧 너로 말미암아 내 능력을 보이고 내 이름이 온 땅에 전파되게 하려 함이라 하셨으니 그런즉 하나님께서 하고자 하시는 자를 긍휼히 여기시고 하고자 하시는 자를 완악하게 하시느니라"(롬 9:15~18)

넷째, 엄위와 자비를 가르치기 위함입니다.

"여호와께서 모세에게 이르시되 하늘을 향하여 네 손을 내밀어 애굽 땅 위에 흑암이 있게 하라 곧 더듬을 만한 흑암이리라 모세가 하늘을 향하여 손을 내밀매 캄캄한 흑암이 삼 일 동안 애굽 온 땅에 있어서 그 동안은 사람들이 서로 볼 수 없으며 자기 처소에서 일어나는 자가 없으되 온 이스라엘 자손들이 거주하는 곳에는 빛이 있었더라"(출 10:21~23)

하나님께서는 세상 나라를 엄위로 다스리시고 하나님 나라를 은혜로 다스리는 분이십니다.

그러므로 성삼위 하나님의 은혜로 하나님 나라 속에서 살아가며 하나님을 영화롭게 하는 우리 모두가 되기를 기도합니다.

출애굽기 11장 1절

"여호와께서 모세에게 이르시기를 내가 이제한 가지 재앙을 바로와 애굽에 내린 후에야 그가 너희를 여기서 내보내리라 그가 너희를 내보낼 때에는 여기서 반드시 다 쫓아내리니"(개역개정판)

"그리고 여호와께서 모세에게 말씀하셨다. 다시 한 재앙을 내가 바로와 애굽 위에 들어가게 할 것이다. 그런 뒤에 그가 너희들을 이곳에서 보낼 것이다. 그가 보낼 즈음 반드시 그가 너희들을 이곳에서 쫓아낼 것이다"(원문직역)

출애굽기 11장은 장자 재앙의 경고입니다.

"모세가 바로에게 이르되 여호와께서 이와 같이 말씀하시기를 밤중에 내가 애굽 가운데로 들어가리니 애굽 땅에 있는 모든 처음 난 것은 왕위에 앉아 있는 바로의 장자로부터 맷돌 뒤에 있는 몸종의 장자와 모든 가축의 처음 난 것까지 죽으리니 애굽 온 땅에 전무후무한 큰 부르짖음이 있으리라"(출 11:4~6)

장자 재앙으로 애굽 전역을 치시는 하나님은?

첫째, 인생들을 굴복하게 하시는 분입니다.

"여호와께서 모세에게 이르시기를 내가 이제 한 가지 재앙을 바로와 애굽에 내린 후에야 그가 너희를 여기서 내보내리라 그가 너희를 내보낼 때에는 여기서 반드시 다 쫓아내리니"(출 11:1)

둘째, 은혜 베풀어 주시는 분입니다.

"백성에게 말하여 사람들에게 각기 이웃들에게 은금 패물을 구하게 하라 하시더니

여호와께서 그 백성으로 애굽 사람의 은혜를 받게 하셨고"(출 11:2~3상)

셋째, 높여 주시는 분입니다.

"또 그 사람 모세는 애굽 땅에 있는 바로의 신하와 백성의 눈에 아주 위대하게 보였더라"(출 11:3하)

넷째, 구별하시는 분입니다.

"그러나 이스라엘 자손에게는 사람에게나 짐승에게나 개 한 마리도 그 혀를 움직이지 아니하리니 여호와께서 애굽 사람과 이스라엘 사이를 구별하는 줄을 너희가 알리라 하셨나니"(출 11:7)

다섯째, 강퍅함을 내어버려 두시는 분입니다.

"여호와께서 모세에게 이르시기를 바로가 너희의 말을 듣지 아니하리라 그러므로 내가 애굽 땅에서 나의 기적을 더하리라 하셨고 모세와 아론이 이 모든 기적을 바로 앞에서 행하였으나 여호와께서 바로의 마음을 완악하게 하셨으므로 그가 이스라엘 자손을 그 나라에서 보내지 아니하였더라"(출 11:9~10)

"또한 그들이 마음에 하나님 두기를 싫어하매 하나님께서 그들을 그 상실한 마음대로 내버려 두사 합당하지 못한 일을 하게 하셨으니"(롬 1:28)

하나님께서는 그리스도인들을 은혜로 다스리시는 분입니다.

그러므로 성삼위 하나님의 은혜로 은혜받는 위치에서 살아가며 하나님을 영화롭게 하는 우리 모두가 되기를 기도합니다.

출애굽기 12장 13절

"내가 애굽 땅을 칠 때에 그 피가 너희가 사는 집에 있어서 너희를 위하여 표적이 될지라 내가 피를 볼 때에 너희를 넘어가리니 재앙이 너희에게 내려 멸하지 아니하리라"(개역개정판)

"그리고 그 피가 너희들이 있는 그 집들 위에 너희를 위한 표적이 될 것이다. 그리고 내가 그 피를 볼 것이다. 그리고 내가 너희 위를 지나 갈 것이다. 그리고 내가 애굽 땅을 칠 때에 파괴하는 재앙이 너희 위에 있지 않을 것이다"(원문직역)

출애굽기 12장은 유월절과 무교절과 장자 재앙과 출 애굽을 다루고 있습니다.

유월절은 예수 그리스도의 대속 사역으로 구원받은 것을 기념하는 것을 예표하는 절기입니다.(출 12:1~11)

"너희 어린 양은 흠 없고 일 년 된 수컷으로 하되 양이나 염소 중에서 취하고 이 달 열나흗날까지 간직하였다가 해 질 때에 이스라엘 회중이 그 양을 잡고 그 피를 양을 먹을 집 좌우 문설주와 인방에 바르고 그 밤에 그 고기를 불에 구워 무교병과 쓴 나물과 아울러 먹되 날것으로나 물에 삶아서 먹지 말고 머리와 다리와 내장을 다 불에 구워 먹고 아침까지 남겨두지 말며 아침까지 남은 것은 곧 불사르라 너희는 그것을 이렇게 먹을지니 허리에 띠를 띠고 발에 신을 신고 손에 지팡이를 잡고 급히 먹으라 이것이 여호와의 유월절이니라"(출 12:5~11)

구약 시대의 유월절 절기는 신약 시대에 성찬식으로 성취 되었습니다.

"너희는 이 날을 기념하여 여호와의 절기를 삼아 영원한 규례로 대대로 지킬지니라"(출 12:14)

"너희는 이 일을 규례로 삼아 너희와 너희 자손이 영원히 지킬 것이니 너희는 여호와께서 허락하신 대로 너희에게 주시는 땅에 이를 때에 이 예식을 지킬 것이라"(출 12:24~25)

"너희가 이 떡을 먹으며 이 잔을 마실 때마다 주의 죽으심을 그가 오실 때까지 전하는 것이니라"(고전 11:26)

예수 그리스도의 대속 사역으로 구원 받고 세례 받은 모든 그리스도인은 성찬식에 참여할 수 있습니다.

"이스라엘 회중이 다 이것을 지킬지니라 너희와 함께 거류하는 타국인이 여호와의 유월절을 지키고자 하거든 그 모든 남자는 할례를 받은 후에야 가까이 하여 지킬지니 곧 그는 본토인과 같이 될 것이나 할례 받지 못한 자는 먹지 못할 것이니라 본토인에게나 너희 중에 거류하는 이방인에게 이 법이 동일하니라 하셨으므로"(출 12:47~49)

모든 그리스도인은 유월절 어린 양이신 예수 그리스도 안에서 더불어 함께 하나님의 집으로 지어져 갑니다.(엡 2:8~22)

"너희는 사도들과 선지자들의 터 위에 세우심을 입은 자라 그리스도 예수께서 친히 모퉁잇돌이 되셨느니라 그의 안에서 건물마다 서로 연결하여 주 안에서 성전이 되어 가고 너희도 성령 안에서 하나님이 거하실 처소가 되기 위하여 그리스도 예수 안에서 함께 지어져 가느니라"(엡 2:20~22)

무교절은 교리적 성결과 도덕적 성결에 대한 예표적 절기입니다.

"너희는 이레 동안 무교병을 먹을지니 그 첫날에 누룩을 너희 집에서 제하라 무릇 첫날부터 일곱째 날까지 유교병을 먹는 자는 이스라엘에서 끊어지리라 너희에게 첫날에도 성회요 일곱째 날에도 성회가 되리니 너희는 이 두 날에는 아무 일도 하지 말고 각자의 먹을 것만 갖출 것이니라 너희는 무교절을 지키라 이 날에 내가 너희 군대를 애굽 땅에서 인도하여 내었음이니라 그러므로 너희가 영원한 규례로 삼아 대대로 이 날을 지킬지니라 첫째 달 그 달 열나흗날 저녁부터 이십일일 저녁까지 너희는 무교병을 먹을 것이요 이레 동안은 누룩이 너희 집에서 발견되지 아니하도록 하라 무릇 유교물을 먹는 자는 타국인이든지 본국에서 난 자든지를 막론하고 이스라엘 회중에서 끊어지리니 너희는 아무 유교물이든지 먹지 말고 너희 모든 유하는 곳에서 무교병을 먹을지니라"(출 12:15~20)

유원절 어린 양이신 예수 그리스도로 구원받은 그리스도인들은 일평생 죄를 미워하고 싫어하고 혐오하고 두려워하며 죄와 피 흘리기까지 싸우는 사람들입니다.

> "너희는 누룩 없는 자인데 새 덩어리가 되기 위하여 묵은 누룩을 내버리라 우리의 유월절 양 곧 그리스도께서 희생되셨느니라 이러므로 우리가 명절을 지키되 묵은 누룩으로도 말고 악하고 악의에 찬 누룩으로도 말고 누룩이 없이 오직 순전함과 진실함의 떡으로 하자 내가 너희에게 쓴 편지에 음행하는 자들을 사귀지 말라 하였거니와 이 말은 이 세상의 음행하는 자들이나 탐하는 자들이나 속여 빼앗는 자들이나 우상 숭배하는 자들을 도무지 사귀지 말라 하는 것이 아니니 만일 그리하려면 너희가 세상 밖으로 나가야 할 것이라 이제 내가 너희에게 쓴 것은 만일 어떤 형제라 일컫는 자가 음행하거나 탐욕을 부리거나 우상 숭배를 하거나 모욕하거나 술 취하거나 속여 빼앗거든 사귀지도 말고 그런 자와는 함께 먹지도 말라 함이라 밖에 있는 사람들을 판단하는 것이야 내게 무슨 상관이 있으리요마는 교회 안에 있는 사람들이야 너희가 판단하지 아니하랴 밖에 있는 사람들은 하나님이 심판하시려니와 이 악한 사람은 너희 중에서 내쫓으라"(고전 5:7~13)

예수 그리스도의 대속 사역 은총으로 구원 받은 것이 신앙 생활의 출발입니다.

> "온 이스라엘 자손이 이와 같이 행하되 여호와께서 모세와 아론에게 명령하신 대로 행하였으며 바로 그 날에 여호와께서 이스라엘 자손을 그 무리대로 애굽 땅에서 인도하여 내셨더라"(출 12:50~51)

그러므로 성삼위 하나님의 은혜로 그리스도인의 바른 위치에서 살아가며 하나님을 영화롭게 하는 우리 모두가 되기를 기도합니다.

출애굽기 13장 3절

"모세가 백성에게 이르되 너희는 애굽 곧 종 되었던 집에서 나온 그 날을 기념하여 유교병을 먹지 말라여호와께서 그 손의 권능으로 너희를 그 곳에서 인도해 내셨음이니라"(개역개정판)

"그리고 모세가 그 백성에게 말했다. 이날에 이것을 기억하라. 너희는 종들의 집 애굽으로부터 나왔다. 참으로 손의 그 능력으로 여호와께서 이곳으로부터 너희를 인도하셨다. 그러므로 누룩있는 떡을 먹지 말아야 한다"(원문직역)

유월절은 예수 그리스도의 대속 사역의 은총을 기념하는 예표적 절기입니다.

예수 그리스도의 대속 사역으로 구원받은 그리스도인들은?

첫째, 하나님의 소유입니다.

"이스라엘 자손 중에서 사람이나 짐승을 막론하고 태에서 처음 난 모든 것은 다 거룩히 구별하여 내게 돌리라 이는 내 것이니라 하시니라"(출 13:2)

둘째, 죄 가운데 살아가지 말아야 합니다.(출 13:3~7)

"여호와께서 너를 인도하여 가나안 사람과 헷 사람과 아모리 사람과 히위 사람과 여부스 사람의 땅 곧 네게 주시려고 네 조상들에게 맹세하신 바 젖과 꿀이 흐르는 땅에 이르게 하시거든 너는 이 달에 이 예식을 지켜 이레 동안 무교병을 먹고 일곱째 날에는 여호와께 절기를 지키라 이레 동안에는 무교병을 먹고 유교병을 네게 보이지 아니하게 하며 네 땅에서 누룩을 네게 보이지 아니하게 하라"(출 13:5~7)

셋째, 자녀들에게 하나님 말씀을 가르쳐야 합니다.

> "너는 그 날에 네 아들에게 보여 이르기를 이 예식은 내가 애굽에서 나올 때에 여호와께서 나를 위하여 행하신 일로 말미암음이라 하고"(출 13:8)

넷째, 말씀을 따라 살아야 합니다.

> "이것으로 네 손의 기호와 네 미간의 표를 삼고 여호와의 율법이 네 입에 있게 하라 이는 여호와께서 강하신 손으로 너를 애굽에서 인도하여 내셨음이니 해마다 절기가 되면 이 규례를 지킬지니라"(출 13:9~10)

다섯째, 예수 그리스도의 품 안에서 우리 자신들을 하나님께 드리며 살아야 합니다.(출 13:11~16)

> "그 때에 바로가 완악하여 우리를 보내지 아니하매 여호와께서 애굽 나라 가운데 처음 난 모든 것은 사람의 장자로부터 가축의 처음 난 것까지 다 죽이셨으므로 태에서 처음 난 모든 수컷들은 내가 여호와께 제사를 드려서 내 아들 중에 모든 처음 난 자를 다 대속하리니 이것이 네 손의 기호와 네 미간의 표가 되리라 이는 여호와께서 그 손의 권능으로 우리를 애굽에서 인도하여 내셨음이니라 할지니라"(출 13:15~16)

성령 하나님께서는 광야와 같은 세상에서 예수 그리스도의 대속 사역 은총으로 구원받은 그리스도인들을 천상 교회에 갈때까지 가르치시고 인도하시고 보호하시고 능력을 주십니다.

> "여호와께서 그들 앞에서 가시며 낮에는 구름 기둥으로 그들의 길을 인도하시고 밤에는 불 기둥을 그들에게 비추사 낮이나 밤이나 진행하게 하시니 낮에는 구름 기둥, 밤에는 불 기둥이 백성 앞에서 떠나지 아니하니라"(출 13:21~22)

그러므로 성삼위 하나님의 은혜로 살아가며 하나님을 영화롭게 하는 우리 모두가 되기를 기도합니다.

출애굽기 14장 21절

"모세가 바다 위로 손을 내밀매 여호와께서 큰 동풍이 밤새도록 바닷물을 물러가게 하시니 물이 갈라져 바다가 마른 땅이 된지라"(개역개정판)

"그리고 모세가 그의 손을 바다 위로 뻗었다. 그때에 여호와께서 밤새도록 강한 동풍으로 그 바다를 물러가게 하셨다. 그리고 그가 바다를 마른 땅으로 만드셨다. 그리고 그 물이 나뉘어졌다"(원문직역)

홍해 바다를 건너가게 하시는 하나님은?

첫째, 지시하시는 분입니다.

"여호와께서 모세에게 말씀하여 이르시되 이스라엘 자손에게 명령하여 돌이켜 바다와 믹돌 사이의 비하히롯 앞 곧 바알스본 맞은편 바닷가에 장막을 치게 하라"(출 14:1~2)

"여호와께서 모세에게 이르시되 너는 어찌하여 내게 부르짖느냐 이스라엘 자손에게 명령하여 앞으로 나아가게 하고 지팡이를 들고 손을 바다 위로 내밀어 그것이 갈라지게 하라 이스라엘 자손이 바다 가운데서 마른 땅으로 행하리라"(출 14:15~16)

둘째, 완악한 마음을 내어버려 두시는 분입니다.

"내가 바로의 마음을 완악하게 한즉 바로가 그들의 뒤를 따르리니"(출 14:4상)

셋째, 공의의 영광을 드러내시는 분입니다.

"내가 그와 그의 온 군대로 말미암아 영광을 얻어"(출 14:4중)

넷째, 언약을 신실하게 이행하시는 이스라엘의 하나님이 참 하나님이심을 드러내시는 분입니다.

"애굽 사람들이 나를 여호와인 줄 알게 하리라 하시매 무리가 그대로 행하니라"(출 14:4하)

다섯째, 연약함을 불쌍히 여기시는 분입니다.

"바로가 가까이 올 때에 이스라엘 자손이 눈을 들어 본즉 애굽 사람들이 자기들 뒤에 이른지라 이스라엘 자손이 심히 두려워하여 여호와께 부르짖고 그들이 또 모세에게 이르되 애굽에 매장지가 없어서 당신이 우리를 이끌어 내어 이 광야에서 죽게 하느냐 어찌하여 당신이 우리를 애굽에서 이끌어 내어 우리에게 이같이 하느냐 우리가 애굽에서 당신에게 이른 말이 이것이 아니냐 이르기를 우리를 내버려 두라 우리가 애굽 사람을 섬길 것이라 하지 아니하더냐 애굽 사람을 섬기는 것이 광야에서 죽는 것보다 낫겠노라 모세가 백성에게 이르되 너희는 두려워하지 말고 가만히 서서 여호와께서 오늘 너희를 위하여 행하시는 구원을 보라 너희가 오늘 본 애굽 사람을 영원히 다시 보지 아니하리라 여호와께서 너희를 위하여 싸우시리니 너희는 가만히 있을지니라"(출 14:10~14)

여섯째, 전능하신 분입니다.(출 14:19~30)

"이스라엘 진 앞에 가던 하나님의 사자가 그들의 뒤로 옮겨 가매 구름 기둥도 앞에서 그 뒤로 옮겨 애굽 진과 이스라엘 진 사이에 이르러 서니 저쪽에는 구름과 흑암이 있고 이쪽에는 밤이 밝으므로 밤새도록 저쪽이 이쪽에 가까이 못하였더라 모세가 바다 위로 손을 내밀매 여호와께서 큰 동풍이 밤새도록 바닷물을 물러가게 하시니 물이 갈라져 바다가 마른 땅이 된지라"(출 14:19~21)

"모세가 곧 손을 바다 위로 내밀매 새벽이 되어 바다의 힘이 회복된지라 애굽 사람들이 물을 거슬러 도망하나 여호와께서 애굽 사람들을 바다 가운데 엎으시니 물이 다시 흘러 병거들과 기병들을 덮되 그들의 뒤를 따라 바다에 들어간 바로의 군대를 다 덮으니 하나도 남지 아니하였더라"(출 14:26~27)

하나님께서는 죄와 사망과 사단의 권세에서 우리들을 구원하시는 분입니다.

"이스라엘이 여호와께서 애굽 사람들에게 행하신 그 큰 능력을 보았으므로 백성이 여호와를 경외하며 여호와와 그의 종 모세를 믿었더라"(출 14:31)

그러므로 성삼위 하나님의 은혜로 구원 받았음을 감사하며 하나님을 영화롭게 하는 우리 모두가 되기를 기도합니다.

출애굽기 15장 25절

"모세가 여호와께 부르짖었더니 여호와께서 그에게 한 나무를 가리키시니 그가 물에 던지니 물이 달게 되었더라 거기서 여호와께서 그들을 위하여 법도와 율례를 정하시고 그들을 시험하실새"(개역개정판)

"그리고 그가 여호와께 부르짖었다. 그리고 여호와께서 한 나무를 가르치셨다. 그리고 그가 그 물에 던졌다. 그리고 그 물이 달아졌다. 그곳에서 그가 그를 위해 규례와 법도를 정하셨다. 그리고 거기에서 그가 그를 시험하셨다"(원문직역)

출애굽기 15장에서 가르치시는 하나님은?

첫째, 언약을 이루시기 위해 영화롭게 승리하시는 분입니다.(출 15:1~12)

"이 때에 모세와 이스라엘 자손이 이 노래로 여호와께 노래하니 일렀으되 내가 여호와를 찬송하리니 그는 높고 영화로우심이요 말과 그 탄 자를 바다에던지셨음이로다 여호와는 나의 힘이요 노래시며 나의 구원이시로다 그는 나의 하나님이시니 내가 그를 찬송할 것이요 내 아버지의 하나님이시니 내가 그를 높이리로다 여호와는 용사시니 여호와는 그의 이름이시로다"(출 15:1~3)

둘째, 하나님 나라를 유업으로 주시는 분입니다.(출 15:13~17)

"주의 인자하심으로 주께서 구속하신 백성을 인도하시되 주의 힘으로 그들을 주의 거룩한 처소에 들어가게 하시나이다"(출 15:13)

"주께서 백성을 인도하사 그들을 주의 기업의 산에 심으시리이다 여호와여 이는 주의 처소를 삼으시려고 예비하신 것이라 주여 이것이 주의 손으로 세우신 성소로소이다"(출 15:17)

셋째, 하나님 나라를 영원히 다스리는 분입니다.

"여호와께서 영원무궁 하도록 다스리시도다 하였더라"(출 15:18)

넷째, 치료 하시고 성화 시키시는 분입니다.

"모세가 여호와께 부르짖었더니 여호와께서 그에게 한 나무를 가리키시니 그가 물에 던지니 물이 달게 되었더라 거기서 여호와께서 그들을 위하여 법도와 율례를 정하시고 그들을 시험하실새 이르시되 너희가 너희 하나님 나 여호와의 말을 들어 순종하고 내가 보기에 의를 행하며 내 계명에 귀를 기울이며 내 모든 규례를 지키면 내가 애굽 사람에게 내린 모든 질병 중 하나도 너희에게 내리지 아니하리니 나는 너희를 치료하는 여호와임이라"(출 15:25~26)

다섯째, 은혜 베풀어 주시는 분입니다.

"그들이 엘림에 이르니 거기에 물 샘 열둘과 종려나무 일흔 그루가 있는지라 거기서 그들이 그 물 곁에 장막을 치니라"(출 15:27)

언약을 이루시기 위해 영화롭게 승리하시는 하나님께서는 영원토록 하나님 나라를 다스리시며 예수 그리스도의 몸 된 교회와 그 지체인 성도들에게 은혜를 베푸시는 분입니다.

그러므로 성삼위 하나님의 은혜 가운데 거하며 하나님을 영화롭게 하는 우리 모두가 되기를 기도합니다.

출애굽기 16장 35절

"사람이 사는 땅에 이르기까지 이스라엘 자손이 사십 년 동안 만나를 먹었으니 곧 가나안 땅 접경에 이르기까지 그들이 만나를 먹었더라"(개역개정판)

"이스라엘 아들들이 거처할 땅에 들어갈 때까지 40년간 그 만나를 먹었다. 그들이 가나안 땅의 땅끝에 들어갈 때까지 그 만나를 먹었다"(원문직역)

만나는 하늘에서 내리는 신령한 양식입니다.

하늘에서 내리는 신령한 양식인 만나는?

첫째, 예수 그리스도를 표상합니다.

"내가 곧 생명의 떡이니라 너희 조상들은 광야에서 만나를 먹었어도 죽었거니와 이는 하늘에서 내려오는 떡이니 사람으로 하여금 먹고 죽지 아니하게 하는 것이니라 나는 하늘에서 내려온 살아 있는 떡이니 사람이 이 떡을 먹으면 영생하리라 내가 줄 떡은 곧 세상의 생명을 위한 내 살이니라 하시니라"(요 6:48~51)

둘째, 하나님 말씀을 표상합니다.

"예수께서 대답하여 이르시되 기록되었으되 사람이 떡으로만 살 것이 아니요 하나님의 입으로부터 나오는 모든 말씀으로 살 것이라 하였느니라 하시니"(마 4:4)

셋째, 영생의 은총을 표상합니다.

"귀 있는 자는 성령이 교회들에게 하시는 말씀을 들을지어다 이기는 그에게는 내가 감추었던 만나를 주고 또 흰 돌을 줄 터인데 그 돌 위에 새 이름을 기록한 것이

있나니 받는 자 밖에는 그 이름을 알 사람이 없느니라"(계 2:17)

만나를 주시는 하나님께서는?

첫째, 긍휼을 베풀어주시는 분입니다.(출 16:1~21)

"이스라엘 자손 온 회중이 그 광야에서 모세와 아론을 원망하여 이스라엘 자손이 그들에게 이르되 우리가 애굽 땅에서 고기 가마 곁에 앉아 있던 때와 떡을 배불리 먹던 때에 여호와의 손에 죽었더라면 좋았을 것을 너희가 이 광야로 우리를 인도해 내어 이 온 회중이 주려 죽게 하는도다 그 때에 여호와께서 모세에게 이르시되 보라 내가 너희를 위하여 하늘에서 양식을 비 같이 내리리니 백성이 나가서 일용할 것을 날마다 거둘 것이라 이같이 하여 그들이 내 율법을 준행하나 아니하나 내가 시험하리라 여섯째 날에는 그들이 그 거둔 것을 준비할지니 날마다 거두던 것의 갑절이 되리라"(출 16:2~5)

둘째, 안식일을 요구하시는 분입니다.(출 16:22~30)

"볼지어다 여호와가 너희에게 안식일을 줌으로 여섯째 날에는 이틀 양식을 너희에게 주는 것이니 너희는 각기 처소에 있고 일곱째 날에는 아무도 그의 처소에서 나오지 말지니라 그러므로 백성이 일곱째 날에 안식하니라"(출 16:29~30)

셋째, 은혜를 계승 시키시고 보존케 하시는 분입니다.(출 16:31~34)

"모세가 이르되 여호와께서 이같이 명령하시기를 이것을 오멜에 채워서 너희의 대대 후손을 위하여 간수하라 이는 내가 너희를 애굽 땅에서 인도하여 낼 때에 광야에서 너희에게 먹인 양식을 그들에게 보이기 위함이니라 하셨다 하고 또 모세가 아론에게 이르되 항아리를 가져다가 그 속에 만나 한 오멜을 담아 여호와 앞에 두어 너희 대대로 간수하라"(출 16:32~33)

넷째, 일용할 양식을 주시는 분입니다.

"사람이 사는 땅에 이르기까지 이스라엘 자손이 사십 년 동안 만나를 먹었으니 곧 가나안 땅 접경에 이르기까지 그들이 만나를 먹었더라"(출 16:35)

하나님께서는 그리스도인이 천상 교회에 갈 때까지 신령한 은혜인 만나를 날마다 주시는 분이십니다.

그러므로 성삼위 하나님의 은혜 가운데 거하며 하나님을 영화롭게 하는 우리 모두가 되기를 기도합니다.

출애굽기 17장 7절

"그가 그 곳 이름을맛사 또는 므리바라 불렀으니 이는 이스라엘 자손이 다투었음이요 또는 그들이 여호와를 시험하여 이르기를 여호와께서 우리 중에 계신가 안 계신가 하였음이더라"(개역개정판)

"그리고 그가 그 장소의 이름을 맛사와 므리바라고 불렀다. 이스라엘 자손이 다투었기 때문이다. 그리고 그들이 여호와를 시험했기 때문이다. 말하기를 여호와께서 우리가운데 계신가? 안 계신가?"(원문직역)

출애굽기 17장에서는 르비딤 평원에서의 물 소동과 아말렉과의 전쟁이 나옵니다.

이스라엘 백성들은 르비딤 평원에서 마실 물로 인해 모세와 다투고 하나님을 시험 했습니다.

"이스라엘 자손의 온 회중이 여호와의 명령대로 신 광야에서 떠나 그 노정대로 행하여 르비딤에 장막을 쳤으나 백성이 마실 물이 없는지라 백성이 모세와 다투어 이르되 우리에게 물을 주어 마시게 하라 모세가 그들에게 이르되 너희가어찌하여 나와 다투느냐 너희가 어찌하여 여호와를 시험하느냐 거기서 백성이 목이 말라 물을 찾으매 그들이 모세에게 대하여 원망하여 이르되 당신이 어찌하여 우리를 애굽에서 인도해 내어서 우리와 우리 자녀와우리 가축이 목말라 죽게 하느냐"(출 17:1~3)

긍휼이 많으신 하나님께서는 모세의 기도를 받으시고 반석에서 물을 주셨습니다.(출 17:4~7)

"내가 호렙 산에 있는 그 반석 위 거기서 네 앞에 서리니 너는 그 반석을 치라 그것에서 물이 나오리니 백성이 마시리라 모세가 이스라엘 장로들의 목전에서 그대로 행하니라 그가 그 곳 이름을 맛사 또는 므리바라 불렀으니 이는 이스라엘 자손이 다투었음이요 또는 그들이 여호와를 시험하여 이르기를 여호와께서 우리 중에 계신가 안 계신가 하였음이더라"(출 17:6~7)

광야와 같은 세상에서 사는 그리스도인은 연약한 존재입니다. 염려와 불안과 걱정과 근심과 의심 가운데 거하기도 합니다.

그러나 하나님께서는 하늘 성소의 제사장이시고 유일한 중보자이신 예수 그리스도의 중보 기도를 받으시고 예수 그리스도의 품 안에서 은혜를 베풀어 주십니다.

"예수는 영원히 계시므로 그 제사장 직분도 갈리지 아니하느니라 그러므로 자기를 힘입어 하나님께 나아가는 자들을 온전히 구원하실 수 있으니 이는 그가 항상 살아 계셔서 그들을 위하여 간구하심이라"(히 7:24~25)

"다 같은 신령한 음료를 마셨으니 이는 그들을 따르는 신령한 반석으로부터 마셨으매 그 반석은 곧 그리스도시라"(고전 10:4)

비열한 아말렉은 르비딤 광야에서 지친 이스라엘 백성들을 공격합니다.(출 17:8)

"그 때에 아말렉이 와서 이스라엘과 르비딤에서 싸우니라"(출 17:8)

이스라엘 백성들은 모세의 기도와 여호수아의 순종으로 아말렉을 이깁니다.(출 17:9~16)

"모세가 손을 들면 이스라엘이 이기고 손을 내리면 아말렉이 이기더니 모세의 팔이 피곤하매 그들이 돌을 가져다가 모세의 아래에 놓아 그가 그 위에 앉게 하고 아론과 훌이 한 사람은 이쪽에서, 한 사람은 저쪽에서 모세의 손을 붙들어 올렸더니 그 손이 해가 지도록 내려오지 아니한지라 여호수아가 칼날로 아말렉과 그 백

성을 쳐서 무찌르니라"(출 17:11~13)

사단과 그의 국권조직과 세상 나라는 하나님 나라 자녀들을 끊임없이 공격합니다.

"근신하라 깨어라 너희 대적 마귀가 우는 사자 같이 두루 다니며 삼킬 자를 찾나니 너희는 믿음을 굳건하게 하여 그를 대적하라 이는 세상에 있는 너희 형제들도 동일한 고난을 당하는 줄을 앎이라"(벧전 5:8~9)

하나님은 승리의 하나님입니다.

"모세가 제단을 쌓고 그 이름을 여호와 닛시라 하고"(출 17:15)

역사 위에 존재하시는 하나님께서는 항상 승리이시고 하나님의 자녀들은 연약해서 넘어지기도 하지만 항상 승리합니다. 성부 하나님께서 부성적 사랑으로 은혜를 베푸시기 때문입니다. 성자 하나님이신 예수 그리스도께서 하늘 성소에서 우리들을 위해 중보 하시기 때문입니다. 성령 하나님께서 우리들 안에 보혜사로 내주 하시기 때문입니다.

그러므로 성삼위 하나님의 은혜로 날마다 승리하며 하나님을 영화롭게 하는 우리 모두가 되기를 기도합니다.

출애굽기 18장 1절

"모세의 장인이며 미디안 제사장인 이드로가 하나님이 모세에게와 자기 백성 이스라엘에게 하신 일 곧 여호와께서 이스라엘을 애굽에서 인도하여 내신 모든 일을 들으니라"(개역개정판)

"모세의 장인 미디안의 제사장 이드로는 하나님께서 모세와 그의 백성 이스라엘을 위한 모든 것, 참으로 여호와께서 애굽에서 이스라엘을 나오게 하신 것을 들었다"(원문직역)

하나님께서는 섭리(보존과 통치) 하시는 분입니다. 모세의 장인 이드로가 모세를 찾아오게 하셨습니다.

모세의 장인 이드로는?

첫째, 모세의 사명 감당을 위해 모세의 가족을 부양했습니다.(출 18:1~6)

"모세의 장인 이드로가 모세가 돌려 보냈던 그의 아내 십보라와 그의 두 아들을 데리고 왔으니 그 하나의 이름은 게르솜이라 이는 모세가 이르기를 내가 이방에서 나그네가 되었다 함이요 하나의 이름은 엘리에셀이라 이는 내 아버지의 하나님이 나를 도우사 바로의 칼에서 구원하셨다 함이더라 모세의 장인 이드로가 모세의 아들들과 그의 아내와 더불어 광야에 들어와 모세에게 이르니 곧 모세가 하나님의 산에 진 친 곳이라 그가 모세에게 말을 전하되 네 장인 나 이드로가 네 아내와 그와 함께 한 그의 두 아들과 더불어 네게 왔노라"(출 18:2~6)

둘째, 하나님께 영광을 돌렸습니다.(출 18:7~12)

"이드로가 여호와께서 이스라엘에게 큰 은혜를 베푸사 애굽 사람의 손에서 구원하심을 기뻐하여 이드로가 이르되 여호와를 찬송하리로다 너희를 애굽 사람의 손에 서와 바로의 손에서 건져내시고 백성을 애굽 사람의 손 아래에서 건지셨도다 이제 내가 알았도다 여호와는 모든 신보다 크시므로 이스라엘에게 교만하게 행하는 그들을 이기셨도다 하고 모세의 장인 이드로가 번제물과 희생제물들을 하나님께 가져오매 아론과 이스라엘 모든 장로가 와서 모세의 장인과 함께 하나님 앞에서 떡을 먹으니라"(출 18:9~12)

셋째, 효율적인 행정제도를 세우도록 도왔습니다.(출 18:13~27)

"이제 내 말을 들으라 내가 네게 방침을 가르치리니 하나님이 너와 함께 계실지로다 너는 하나님 앞에서 그 백성을 위하여 그 사건들을 하나님께 가져오며 그들에게 율례와 법도를 가르쳐서 마땅히 갈 길과 할 일을 그들에게 보이고 너는 또 온 백성 가운데서 능력 있는 사람들 곧 하나님을 두려워하며 진실하며 불의한 이익을 미워하는 자를 살펴서 백성 위에 세워 천부장과 백부장과 오십부장과 십부장을 삼아 그들이 때를 따라 백성을 재판하게 하라 큰 일은 모두 네게 가져갈 것이요 작은 일은 모두 그들이 스스로 재판할 것이니 그리하면 그들이 너와 함께 담당할 것인즉 일이 네게 쉬우리라"(출 18:19~22)

모든 일의 제 일 원인인 하나님께서는 가까운 원인인 사람들을 가지시고 은혜를 베풀어 주십니다.

그러므로 성삼위 하나님의 은혜안에서 감사하며 하나님을 영화롭게 하는 우리 모두가 되기를 기도합니다.

출애굽기 19장 3절

"모세가 하나님 앞에 올라가니 여호와께서 산에서 그를 불러 말씀하시되 너는 이같이 야곱의 집에 말하고 이스라엘 자손들에게 말하라"(개역개정판)

"그리고 모세가 그 하나님께 올라갔다 그리고 그가 그를 불렀다. 여호와께서 그 산에서 말씀하셨다. 너는 이와 같이 야곱의 집에게 말하라. 그리고 너는 이스라엘 아들들에게 알려야 한다"(원문직역)

하나님께서 모세를 가지시고 이스라엘 백성들에게 하시는 말씀은?

첫째, 출애굽을 기억하라.

"모세가 하나님 앞에 올라가니 여호와께서 산에서 그를 불러 말씀하시되 너는 이같이 야곱의 집에 말하고 이스라엘 자손들에게 말하라 내가 애굽 사람에게 어떻게 행하였음과 내가 어떻게 독수리 날개로 너희를 업어 내게로 인도하였음을너희가 보았느니라"(출 19:3~4)

둘째, 말씀에 순종하고 언약을 지키라.

"세계가 다 내게 속하였나니 너희가 내 말을 잘 듣고 내 언약을 지키면 너희는 모든 민족 중에서 내 소유가 되겠고 너희가 내게 대하여 제사장 나라가 되며 거룩한 백성이 되리라 너는 이 말을 이스라엘 자손에게 전할지니라 모세가 내려와서 백성의 장로들을 불러 여호와께서 자기에게 명령하신 그 모든 말씀을 그들 앞에 진술하니 백성이 일제히 응답하여 이르되 여호와께서 명령하신 대로 우리가 다 행하리이다"(출 19:5~8상)

셋째, 거룩하라.(출 19:10~25)

"여호와께서 모세에게 이르시되 너는 백성에게로 가서 오늘과 내일 그들을 성결하게 하며 그들에게 옷을 빨게 하고 준비하게 하여 셋째 날을 기다리게 하라 이는 셋째 날에 나 여호와가 온 백성의 목전에서 시내 산에 강림할 것임이니"(출 19:10~11)

"또 여호와에게 가까이 하는 제사장들에게 그 몸을 성결히 하게 하라 나 여호와가 그들을 칠까 하노라 모세가 여호와께 아뢰되 주께서 우리에게 명령하여 이르시기를 산 주위에 경계를 세워 산을 거룩하게 하라 하셨사온즉 백성이 시내 산에 오르지 못하리이다 여호와께서 그에게 이르시되 가라 너는 내려가서 아론과 함께 올라오고 제사장들과 백성에게는 경계를 넘어 나 여호와에게로 올라오지 못하게 하라 내가 그들을 칠까 하노라"(출 19:22~24)

그리스도인은 예수 그리스도의 대속 사역 은총으로 구원 받았음을 항상 기억하고 하나님 말씀에 순종하며 예수 그리스도의 대속의 죽으심과 부활하심과 영화로우심이라는 구원의 경륜을 전파하고 세상과 구별된 거룩의 위치에서 살아야 합니다.

그러므로 성삼위 하나님의 은혜로 그리스도인의 바른 위치에서 살아가며 하나님을 영화롭게 하는 우리 모두가 되기를 기도합니다.

출애굽기 20장 1절

"하나님이 이 모든 말씀으로 말씀하여 이르시되"(개역개정판)

"그리고 하나님께서 말씀하셨다. 이 모든 말씀들을"(원문직역)

하나님께서는 예수 그리스도의 대속 사역으로 죄와 사망에서 우리들을 구원 하시고 보호 하시며 은혜를 베푸시기 위해 영원한 도덕법인 십계명을 주셨습니다.

예수 그리스도의 대속 사역으로 구원받은 그리스도인들은?

첫째, 하나님만 섬기는 사람입니다.

"너는 나 외에는 다른 신들을 네게두지 말라"(출 20:3)

둘째, 우상 숭배하지 않는 사람입니다.(출 20:4~6)

"너를 위하여 새긴 우상을 만들지 말고 또 위로 하늘에 있는 것이나 아래로 땅에 있는 것이나 땅 아래 물 속에 있는 것의 어떤 형상도 만들지 말며 그것들에게 절하지 말며 그것들을 섬기지 말라"(출 20:4~6상)

셋째, 하나님 이름을 높이는 사람입니다.

"너는 네 하나님 여호와의 이름을 망령되게 부르지 말라 여호와는 그의 이름을 망령되게 부르는 자를 죄 없다 하지 아니하리라"(출 20:7)

넷째, 성도의 안식일인 주일을 거룩하게 지키는 사람입니다.(출 20:8~11)

"안식일을 기억하여 거룩하게지키라"(출 20:8)

다섯째, 예수 그리스도 안에서 부모를 공경하는 사람입니다.

"네 부모를 공경하라 그리하면 네 하나님 여호와가 네게 준 땅에서 네 생명이 길리라"(출 20:12)

여섯째, 살인하지 않는 사람입니다.

"살인하지 말라"(출 20:13)

일곱째, 간음하지 않는 사람입니다.

"간음하지 말라"(출 20:14)

여덟째, 도적질 하지 않는 사람입니다.

"도둑질하지 말라"(출 20:15)

아홉째, 거짓 증거하지 않는 사람입니다.

"네 이웃에 대하여 거짓 증거하지 말라"(출 20:16)

열째, 이웃의 소유를 탐내지 않는 사람입니다.

"네 이웃의 집을 탐내지 말라 네 이웃의 아내나 그의 남종이나 그의 여종이나 그의 소나 그의 나귀나 무릇 네 이웃의 소유를 탐내지 말라"(출 20:17)

그리스도인은 거룩함으로 하나님께 예배드리는 사람입니다.(출 20:22~26)

"너희는 나를 비겨서 은으로나 금으로나 너희를 위하여 신상을 만들지 말고 내게 토단을 쌓고 그 위에 네 양과 소로 네 번제와 화목제를 드리라 내가 내 이름을 기념하게 하는 모든 곳에서 네게 임하여 복을 주리라"(출 20:23~24)

그리므로 성삼위 하나님의 은혜로 하나님을 예배하며 하나님을 영화롭게 하는 우리 모두가 되기를 기도합니다.

출애굽기 21장 1절

"네가 백성 앞에 세울 법규는 이러하니라"(개역개정판)

"그리고 네가 그들 앞에 놓을 그 법령들은 이러하다"(원문직역)

출애굽기 21장은 출애굽기 20장에 있는 영원한 도덕법인 십계명의 터 위에서 인간의 연약함을 보시고 일시적으로 허용한 법규입니다.

이스라엘 백성들에게 법규를 주시는 하나님은?

첫째, 긍휼과 공평을 베풀어 주시는 분입니다.(출 21:1~11)

"네가 히브리 종을 사면 그는 여섯 해 동안 섬길 것이요 일곱째 해에는 몸값을 물지 않고 나가 자유인이 될 것이며 만일 그가 단신으로 왔으면 단신으로 나갈 것이요 장가 들었으면 그의 아내도 그와 함께 나가려니와 만일 상전이 그에게 아내를 주어 그의 아내가 아들이나 딸을 낳았으면 그의 아내와 그의 자식들은 상전에게 속할 것이요 그는 단신으로 나갈 것이로되"(출 21:2~4)

둘째, 공의를 행하시는 분입니다.

"사람을 쳐죽인 자는 반드시 죽일 것이나 만일 사람이 고의적으로 한 것이 아니라 나 하나님이 사람을 그의 손에 넘긴 것이면 내가 그를 위하여 한 곳을 정하리니 그 사람이 그리로 도망할 것이며 사람이 그의 이웃을 고의로 죽였으면 너는 그를 내 제단에서라도 잡아내려 죽일지니라"(출 2:12~14)

"그러나 다른 해가 있으면 갚되 생명은 생명으로, 눈은 눈으로, 이는 이로, 손은 손으로, 발은 발로, 덴 것은 덴 것으로, 상하게 한 것은 상함으로, 때린 것은 때림으로 갚을지니라"(출 21:23~25)

셋째, 권위와 자연 질서를 존중하시는 분입니다.

"자기 아버지나 어머니를 치는 자는 반드시 죽일지니라 사람을 납치한 자가 그 사람을 팔았든지 자기 수하에 두었든지 그를 반드시 죽일지니라 자기의 아버지나 어머니를 저주하는 자는 반드시 죽일지니라"(출 21:15~17)

넷째, 중심을 보시는 분입니다.(출 21:18~22)

"사람이 서로 싸우다가 하나가 돌이나 주먹으로 그의 상대방을 쳤으나 그가 죽지 않고 자리에 누웠다가 지팡이를 짚고 일어나 걸으면 그를 친 자가 형벌은 면하되 그간의 손해를 배상하고 그가 완치되게 할 것이니라"(출 21:18~19)

다섯째, 인권을 존중하시는 분입니다.(출 21:26~32)

"사람이 그 남종의 한 눈이나 여종의 한 눈을 쳐서 상하게 하면그 눈에 대한 보상으로 그를 놓아 줄 것이며 그 남종의 이나 여종의 이를 쳐서 빠뜨리면 그 이에 대한 보상으로 그를 놓아 줄지니라"(출 21:26~27)

여섯째, 사유 재산을 존중하시는 분입니다.(출 21:33~36)

"사람이 구덩이를 열어두거나 구덩이를 파고 덮지 아니하므로 소나 나귀가 거기에 빠지면 그 구덩이 주인이 잘 보상하여 짐승의 임자에게 돈을 줄 것이요 죽은 것은 그가 차지할 것이니라"(출 21:33~34)

인생들을 보호 하시고 은혜 베푸시기 위해 제도를 세우시는 하나님께서는 사랑과 공의의 하나님 이십니다.

그러므로 성삼위 하나님의 은혜로 하나님을 사랑하며 하나님을 영화롭게 하는 우리 모두가 되기를 기도합니다.

출애굽기 22장 1절

"사람이 소나 양을 도둑질하여 잡거나 팔면 그는 소 한 마리에 소 다섯 마리로 갚고 양 한 마리에 양 네 마리로 갚을지니라"(개역개정판)

"사람이 수소나 양을 훔치고 그가 그것을 잡거나 그가 그것을 팔 경우 그가 그 황소를 위해 황소 다섯으로 갚아야 한다. 그리고 그 양을 위해 양 네 네마리로 (갚아야 한다)"(원문직역)

21장에 연이은 법규들입니다.

예수 그리스도의 대속 사역 은총으로 구원받은 그리스도인들은?

첫째, 도둑질 하지 말아야 합니다.(출 22:1~4)

"사람이 소나 양을 도둑질하여 잡거나 팔면 그는 소 한 마리에 소 다섯 마리로 갚고 양 한 마리에 양 네 마리로 갚을지니라"(출 22:1)

둘째, 이웃의 재산을 존중해야 합니다.(출 22:5~15)

"사람이 밭에서나 포도원에서 짐승을 먹이다가 자기의 짐승을 놓아 남의 밭에서 먹게 하면 자기 밭의 가장 좋은 것과 자기 포도원의 가장 좋은 것으로 배상할지니라 불이 나서 가시나무에 댕겨 낟가리나 거두지 못한 곡식이나 밭을 태우면 불 놓은 자가 반드시 배상할지니라"(출 22:5~6)

셋째, 간음하지 말아야 합니다.

"사람이 약혼하지 아니한 처녀를 꾀어 동침하였으면 납폐금을 주고 아내로 삼을 것이요 만일 처녀의 아버지가 딸을 그에게 주기를 거절하면 그는 처녀에게 납폐금으로 돈을 낼지니라"(출 22:16~17)

"짐승과 행음하는 자는 반드시 죽일지니라"(출 22:19)

넷째, 우상숭배 하지 말아야 합니다.

"너는 무당을 살려두지 말라"(출 22:18)

"여호와 외에 다른 신에게 제사를 드리는 자는 멸할지니라"(출 22:20)

다섯째, 연약한 사람들을 돌보아야 합니다.(출 22:21~27)

"너는 이방 나그네를 압제하지 말며 그들을 학대하지 말라 너희도 애굽 땅에서 나그네였음이라 너는 과부나 고아를 해롭게 하지 말라 네가 만일 그들을 해롭게 하므로 그들이 내게 부르짖으면 내가 반드시 그 부르짖음을 들으리라"(출 22:21~23)

여섯째, 권위를 존중해야 합니다.

"너는 재판장을 모독하지 말며 백성의 지도자를 저주하지 말지니라"(출 22:28)

일곱째, 하나님께 자신을 드려야 합니다.

"너는 네가 추수한 것과 네가 짜낸 즙을 바치기를 더디하지 말지며 네 처음 난 아들들을 내게 줄지며 네 소와 양도 그와 같이 하되 이레 동안 어미와 함께 있게 하다가 여드레 만에 내게 줄지니라"(출 22:29~30)

여덟째, 거룩한 삶을 살아야 합니다.

"너희는 내게 거룩한 사람이 될지니 들에서 짐승에게 찢긴 동물의 고기를 먹지 말고 그것을 개에게 던질지니라"(출 22:31)

하나님께서 예수 그리스도를 믿고 구원 받은 그리스도인들에게 법규를 주시는 이유는 당신의 자녀들을 보호하시고 은혜 안에 살게 하시기 위함입니다.

그러므로 성삼위 하나님의 은혜로 말씀에 순종하며 하나님을 영화롭게 하는 우리 모두가 되기를 기도합니다.

출애굽기 23장 25절

"네 하나님 여호와를 섬기라 그리하면 여호와가 너희의 양식과 물에 복을 내리고 너희 중에서 병을 제하리니"(개역개정판)

"너희는 너희 하나님 여호와를 섬겨야 한다. 그러면 그가 네 빵과 네 물에 복을 줄 것이다. 그리고 내가 너희 중에서 질병을 떠나게 할 것이다"(원문직역)

예수 그리스도의 대속 사역 은총으로 구원 받은 그리스도인은?

첫째, 진리를 따라 살아야 합니다.

"너는 거짓된 풍설을 퍼뜨리지 말며 악인과 연합하여 위증하는 증인이 되지 말며 다수를 따라 악을 행하지 말며 송사에 다수를 따라 부당한 증언을 하지 말며 가난한 자의 송사라고 해서 편벽되이 두둔하지 말지니라"(출 23:1~3)

둘째, 원수를 사랑해야 합니다.

"네가 만일 네 원수의 길 잃은 소나 나귀를 보거든 반드시 그 사람에게로 돌릴지며 네가 만일 너를 미워하는 자의 나귀가 짐을 싣고 엎드러짐을 보거든 그것을 버려두지 말고 그것을 도와 그 짐을 부릴지니라"(출 23:4~5)

셋째, 바르고 정당하게 살아야 합니다.(출 23:6~8)

"너는 가난한 자의 송사라고 정의를 굽게 하지 말며"(출 23:6)

넷째, 사회적 약자들에게 긍휼을 베풀어야 합니다.

"너는 이방 나그네를 압제하지 말라 너희가 애굽 땅에서 나그네 되었었은즉 나그

네의 사정을 아느니라"(출 23:9)

다섯째, 성도의 안식일인 주일을 지켜야 합니다.

"너는 엿새 동안에 네 일을 하고 일곱째 날에는 쉬라 네 소와 나귀가 쉴 것이며 네 여종의 자식과 나그네가 숨을 돌리리라"(출 23:12)

여섯째, 하나님 나라 안에서 살아야 합니다.(출 23:14~19)

"너는 매년 세 번 내게 절기를 지킬지니라"(출 23:14)

일곱째, 예수 그리스도에게 순종해야 합니다.(출 23:20~23)

"내가 사자를 네 앞서 보내어 길에서 너를 보호하여 너를 내가 예비한 곳에 이르게 하리니 너희는 삼가 그의 목소리를 청종하고 그를 노엽게 하지 말라 그가 너희의 허물을 용서하지 아니할 것은 내 이름이 그에게있음이니라"(출 23:20~21)

여덟째, 우상 숭배 하지 말고 하나님만 섬겨야 합니다.(출 23:24~28)

"너는 그들의 신을 경배하지 말며 섬기지 말며 그들의 행위를 본받지 말고 그것들을 다 깨뜨리며 그들의 주상을 부수고 네 하나님 여호와를 섬기라 그리하면 여호와가 너희의 양식과 물에 복을 내리고너희 중에서 병을 제하리니"(출 23:24~25)

아홉째, 날마다 영적 전쟁을 치루어야 합니다.(출 23:29~31)

"내가 네 경계를 홍해에서부터 블레셋 바다까지, 광야에서부터 강까지 정하고 그 땅의 주민을 네 손에 넘기리니 네가 그들을 네 앞에서 쫓아낼지라"(출 23:31)

열째, 세상과 타협하지 말아야 합니다.

"너는 그들과 그들의 신들과 언약하지 말라 그들이 네 땅에 머무르지 못할 것은 그들이 너를 내게 범죄하게 할까 두려움이라 네가 그 신들을 섬기면 그것이 너의 올무가 되리라"(출 23:32~33)

하나님께서는 당신의 자녀들을 사랑으로 보호 하시고 은혜를 베푸시기 위해 "미슈파트"(법령, 법규, 공의)를 주셨습니다.

그러므로 성삼위 하나님의 은혜로 말씀에 순종하며 하나님을 영화롭게 하는 우리 모두가 되기를 기도합니다.

출애굽기 24장 8절

"모세가 그 피를 가지고 백성에게 뿌리며 이르되 이는 여호와께서 이 모든 말씀에 대하여 너희와 세우신 언약의 피니라"(개역개정판)

"그리고 모세가 그 피를 취했다. 그리고 그가 그 백성 위로 뿌렸다. 그리고 그가 말했다. 보라 언약의 피이다. 여호와께서 이 모든 말씀들로 너희와 함께 맺은 것이다"(원문직역)

출애굽기 24장은 하나님께서 이스라엘 백성들과 시내 산에서 언약을 맺으시는 말씀입니다.

스스로 낮아지셔서 이스라엘 백성들과 언약을 맺으시는 하나님은?

첫째, 경배를 받으시기 합당하신 분입니다.

"또 모세에게 이르시되 너는 아론과 나답과 아비후와 이스라엘 장로 칠십 명과 함께 여호와께로 올라와 멀리서 경배하고"(출 24:1)

둘째, 거룩하신 분입니다.

"너 모세만 여호와께 가까이 나아오고 그들은 가까이 나아오지 말며 백성은 너와 함께 올라오지 말지니라"(출 24:2)

"모세가 산에 오르매 구름이 산을 가리며 여호와의 영광이 시내 산 위에 머무르고 구름이 엿새 동안 산을 가리더니 일곱째 날에 여호와께서 구름 가운데서 모세를 부르시니라 산 위의 여호와의 영광이 이스라엘 자손의 눈에 맹렬한 불 같이 보였고"(출 24:15~17)

셋째, 말씀을 주시는 분입니다.

"모세가 와서 여호와의 모든 말씀과 그의 모든 율례를 백성에게 전하매 그들이 한 소리로 응답하여 이르되 여호와께서 말씀하신 모든 것을 우리가 준행하리이다 모세가 여호와의 모든 말씀을 기록하고"(출 24:3~4상)

"여호와께서 모세에게 이르시되 너는 산에 올라 내게로 와서 거기 있으라 네가 그들을 가르치도록 내가 율법과 계명을 친히 기록한 돌판을 네게 주리라"(출 24:12)

넷째, 교회를 세우시는 분입니다.

"이른 아침에 일어나 산 아래에 제단을 쌓고 이스라엘 열두 지파대로 열두 기둥을 세우고"(출 24: 4하)

다섯째, 예배를 받으시는 분입니다.

"이스라엘 자손의 청년들을 보내어 여호와께 소로 번제와 화목제를 드리게 하고"(출 24:5)

여섯째, 예수 그리스도의 보혈로 언약하시는 분입니다.

"모세가 피를 가지고 반은 여러 양푼에 담고 반은 제단에 뿌리고 언약서를 가져다가 백성에게 낭독하여 듣게 하니 그들이 이르되 여호와의 모든 말씀을 우리가 준행하리이다 모세가 그 피를 가지고 백성에게 뿌리며 이르되 이는 여호와께서 이 모든 말씀에 대하여 너희와 세우신 언약의 피니라"(출 24:6~8)

일곱째, 성결하신 분입니다.

"이스라엘의 하나님을 보니 그의 발 아래에는 청옥을 편 듯하고 하늘 같이 청명하더라"(출 24:10)

언약 백성인 그리스도인의 위치는 순종입니다.

"언약서를 가져다가 백성에게 낭독하여 듣게 하니 그들이 이르되 여호와의 모든

말씀을 우리가 준행하리이다"(출 24:7)

그러므로 성삼위 하나님의 은혜로 하나님 말씀에 순종하며 하나님을 영화롭게 하는 우리 모두가 되기를 기도합니다.

출애굽기 25장 2절

"이스라엘 자손에게 명령하여 내게 예물을 가져오라 하고 기쁜 마음으로 내는 자가 내게 바치는 모든 것을 너희는 받을지니라"(개역개정판)

"너는 이스라엘 아들들에게 말하라. 그리고 나를 위해 예물을 가져오게 하라. 그들이 자원하는 마음으로 드리는 모든 사람에게서 너희는 내 예물을 취하여라"(원문직역)

성막은 예수 그리스도와 예수 그리스도의 몸인 교회를 예표합니다.

"이 뜻을 따라 예수 그리스도의 몸을 단번에 드리심으로 말미암아 우리가 거룩함을 얻었노라"(히 10:10)

"나는 이제 너희를 위하여 받는 괴로움을 기뻐하고 그리스도의 남은 고난을 그의 몸된 교회를 위하여 내 육체에 채우노라"(골 1:24)

성막을 지을 예물을 가져오라고 명령하시는 하나님은?

첫째, 기쁨과 즐거움의 예물을 받으시는 분입니다.

"이스라엘 자손에게 명령하여 내게 예물을 가져오라 하고 기쁜 마음으로 내는 자가 내게 바치는 모든 것을 너희는 받을지니라"(출 25:2)

그리스도인들은 예수 그리스도의 몸 된 교회를 받들어 섬기고 세우는 사람들입니다.

둘째, 예수 그리스도의 몸 된 교회안에 거주하시는 분입니다.

"내가 그들 중에 거할 성소를 그들이 나를 위하여 짓되"(출 25:8)

셋째, 보편된 교회의 표상과 속성과 표지로 교회를 세울 것을 말씀하시는 분입니다.

"무릇 내가 네게 보이는 모양대로 장막을 짓고 기구들도 그 모양을 따라 지을지니라"(출 25:9)

넷째, 예수 그리스도 안에서 우리들과 만나시고 말씀하시는 분입니다.(출 25:10~22)

"거기서 내가 너와 만나고 속죄소 위 곧 증거궤 위에 있는 두 그룹 사이에서 내가 이스라엘 자손을 위하여 네게 명령할 모든 일을 네게 이르리라"(출 25:22)

"이 모든 날 마지막에는 아들을 통하여 우리에게 말씀하셨으니 이 아들을 만유의 상속자로 세우시고 또 그로 말미암아 모든 세계를 지으셨느니라 이는 하나님의 영광의 광채시요 그 본체의 형상이시라"(히 1:2~3상)

다섯째, 생명의 떡이신 예수 그리스도와 말씀으로 우리들을 먹이시는 분입니다.(출 25:23~30)

"상 위에 진설병을 두어 항상 내 앞에 있게 할지니라"(출 25:30)

"예수께서 이르시되 나는 생명의 떡이니 내게 오는 자는 결코 주리지 아니할 터이요 나를 믿는 자는 영원히 목마르지 아니하리라"(요 6:35)

여섯째, 예수 그리스도 안에서 성령님으로 은혜를 베풀어 주시는 분입니다.(출 26:31~40)

"등잔대와 이 모든 기구를 순금 한 달란트로 만들되 너는 삼가 이 산에서 네게 보인 양식대로 할지니라"(출 25:39~40)

하나님께서는 예수 그리스도의 몸 된 교회를 통해 은혜 베푸시는 분입니다.

그러므로 성삼위 하나님의 은혜로 교회를 받들어 섬기고 세워 나아가며 하나님을 영화롭게 하는 우리 모두가 되기를 기도합니다.

출애굽기 26장 1절

"너는 성막을 만들되 가늘게 꼰 베 실과 청색 자색 홍색 실로 그룹을 정교하게 수 놓은 열 폭의 휘장을 만들지니"(개역개정판)

"그리고 그 성막을 너는 열폭으로 만들어야 한다. 가늘게 꼰 베실과 청색실과 자주색실과 홍색실로 그룹들을 정교하게 수놓아 너는 그것들을 만들어야 한다"(원문직역)

출애굽기 26장은 성막의 양식에 대한 말씀입니다.

성막은 교회의 모형입니다.

예수 그리스도의 몸 된 교회는?

첫째, 예수 그리스도의 대속 사역 위에 세워집니다.

"너는 성막을 만들되 가늘게 꼰 베 실과 청색 자색 홍색 실로 그룹을 정교하게 수 놓은 열 폭의 휘장을 만들지니"(출 26:1)

둘째, 더불어 함께 지어져 가야 합니다.

"그 휘장 다섯 폭을 서로 연결하며 다른 다섯 폭도 서로 연결하고"(출 26:3)

"너희는 사도들과 선지자들의 터 위에 세우심을 입은 자라 그리스도 예수께서 친히 모퉁잇돌이 되셨느니라 그의 안에서 건물마다 서로 연결하여 주 안에서 성전이 되어 가고 너희도 성령 안에서 하나님이 거하실 처소가 되기 위하여 그리스도 예수 안에서 함께 지어져 가느니라"(엡 2:20~22)

셋째, 하나님께서 온전하게 보호하십니다.(출 26:7~14)

"그 성막을 덮는 막 곧 휘장을 염소털로 만들되 열한 폭을 만들지며"(출 26:7)

"붉은 물 들인 숫양의 가죽으로 막의 덮개를 만들고 해달의 가죽으로 그 웃덮개를 만들지니라"(출 26:14)

넷째, 바른 교리로 보호하십니다.(출 26:15~30)

"너는 조각목으로 성막을 위하여 널판을 만들어 세우되 각 판의 길이는 열 규빗, 너비는 한 규빗 반으로 하고 각 판에 두 촉씩 내어 서로 연결하게 하되 너는 성막 널판을 다 그와 같이 하라"(출 26:15~17)

다섯째, 하나님께서 예수 그리스도안에서 임재하십니다.(출 26:31~34)

"그 휘장을 갈고리 아래에 늘어뜨린 후에 증거궤를 그 휘장 안에 들여놓으라 그 휘장이 너희를 위하여 성소와 지성소를 구분하리라 너는 지성소에 있는 증거궤 위에 속죄소를 두고"(출 26:33~34)

여섯째, 성령님과 말씀의 은혜가 있습니다.

"그 휘장 바깥 북쪽에 상을 놓고 남쪽에 등잔대를 놓아 상과 마주하게 할지며"(출 26:35)

일곱째, 예수 그리스도를 통해서만 들어갈 수 있습니다.

"청색 자색 홍색 실과 가늘게 꼰 베 실로 수 놓아 짜서 성막 문을 위하여 휘장을 만들고 그 휘장 문을 위하여 기둥 다섯을 조각목으로 만들어 금으로 싸고 그 갈고리도 금으로 만들지며 또 그 기둥을 위하여 받침 다섯 개를 놋으로 부어 만들지니라"(출 26:36~37)

"내가 문이니 누구든지 나로 말미암아 들어가면 구원을 받고 또는 들어가며 나오며 꼴을 얻으리라"(요 10:9)

교회는 하나님의 말씀으로 세워져야 합니다.

"너는 산에서 보인 양식대로 성막을 세울지니라"(출 26:30)

그러므로 성삼위 하나님의 은혜와 바른 말씀으로 교회를 받들어 섬기고 세워 나아가며 하나님을 영화롭게 하는 우리 모두가 되기를 기도합니다.

출애굽기 27장 1절

"너는 조각목으로 길이가 다섯 규빗, 너비가 다섯 규빗의 제단을 만들되 네모 반듯하게 하며 높이는 삼 규빗으로 하고"(개역개정판)

"그리고 너는 아카시아 나무로 그 제단을 만들어야 한다. 길이는 다섯 규빗 그리고 넓이도 다섯 규빗 그 제단은 네모지게 하고 그리고 그것 높이는 세 규빗"(원문직역)

성막은 예수 그리스도와 예수 그리스도의 몸 된 교회의 모형입니다.

예수 그리스도의 몸 된 교회는?

첫째, 예수 그리스도의 대속 사역 위에 세워집니다.

"너는 조각목으로 길이가 다섯 규빗, 너비가 다섯 규빗의 제단을 만들되 네모 반듯하게 하며 높이는 삼 규빗으로 하고 그 네 모퉁이 위에 뿔을 만들되그 뿔이 그것에 이어지게 하고 그 제단을 놋으로 싸고 재를 담는 통과 부삽과 대야와 고기 갈고리와 불 옮기는 그릇을 만들되 제단의 그릇을 다 놋으로 만들지며 제단을 위하여놋으로 그물을 만들고 그 위 네 모퉁이에 놋 고리 넷을 만들고 그물은 제단 주위 가장자리 아래 곧 제단 절반에 오르게 할지며 또 그 제단을 위하여 채를 만들되 조각목으로 만들고 놋으로 쌀지며 제단 양쪽 고리에 그 채를 꿰어 제단을 메게 할지며 제단은 널판으로 속이 비게 만들되 산에서 네게 보인 대로 그들이 만들게 하라"(출 27:1~8)

둘째, 바른 교리로 보호됩니다.(출 27:9~19)

"너는 성막의 뜰을 만들지니 남쪽을 향하여 뜰 남쪽에 너비가 백 규빗의 세마포 휘장을 쳐서 그 한 쪽을 당하게 할지니 그 기둥이 스물이며 그 받침 스물은 놋으로 하고 그 기둥의 갈고리와 가름대는 은으로 할지며"(출 27:9~10)

셋째, 성령님의 은혜로 세워집니다.

"너는 또 이스라엘 자손에게 명령하여 감람으로 짠 순수한 기름을 등불을 위하여 네게로 가져오게 하고 끊이지 않게 등불을 켜되 아론과 그의 아들들로 회막 안 증거궤 앞 휘장 밖에서 저녁부터 아침까지 항상 여호와 앞에 그 등불을 보살피게 하라 이는 이스라엘 자손이 대대로 지킬 규례이니라"(출 28:20~21)

교회는 예수 그리스도의 몸으로 반드시 머리되신 예수 그리스도를 통해서만 들어갈 수 있습니다.

"뜰 문을 위하여는 청색 자색 홍색 실과 가늘게 꼰 베 실로 수 놓아 짠 스무 규빗의 휘장이 있게 할지니 그 기둥이 넷이요 받침이 넷이며"(출 27:16)

"예수께서 이르시되 내가 곧 길이요 진리요 생명이니 나로 말미암지 않고는 아버지께로 올 자가 없느니라"(요 14:6)

그러므로 성삼위 하나님의 은혜로 예수 그리스도의 몸 안에서 살아가며 하나님을 영화롭게 하는 우리 모두가 되기를 기도합니다.

출애굽기 28장 2절

"네 형 아론을 위하여 거룩한 옷을 지어 영화롭고 아름답게 할지니"(개역개정판)

"그리고 너는 네 형 아론을 위하여 거룩한 옷을 만들어야 한다. 영광스럽고 아름답게"(원문직역)

출애굽기 28장은 제사장의 거룩한 옷에 대한 말씀입니다.

구약의 제사장은 영원한 제사장이신 예수 그리스도를 예표하는 직분입니다.

"그러므로 우리에게 큰 대제사장이 계시니 승천하신 이 곧 하나님의 아들 예수시라 우리가 믿는 도리를 굳게 잡을지어다 우리에게 있는 대제사장은 우리의 연약함을 동정하지 못하실 이가 아니요 모든 일에 우리와 똑같이 시험을 받으신 이로되 죄는 없으시니라"(히 4:14~15)

영원한 대제사장이신 예수 그리스도는?

첫째, 거룩하신 분입니다.

"너는 무릇 마음에 지혜 있는 모든 자 곧 내가 지혜로운 영으로 채운 자들에게 말하여 아론의 옷을 지어 그를 거룩하게 하여 내게 제사장 직분을 행하게 하라 그들이 지을 옷은 이러하니 곧 흉패와 에봇과 겉옷과 반포 속옷과 관과 띠라 그들이 네 형 아론과 그 아들들을 위하여 거룩한 옷을 지어 아론이 내게 제사장 직분을 행하게 하라 그들이 쓸 것은 금 실과 청색 자색 홍색 실과가늘게 꼰 베 실이니라"(출 28:3~5)

"이러한 대제사장은 우리에게 합당하니 거룩하고 악이 없고 더러움이 없고 죄인에

게서 떠나 계시고 하늘보다 높이 되신 이라"(히 7:26)

둘째, 유일한 중보자입니다.(출 28:6~29)

"호마노 두 개를 가져다가 그 위에 이스라엘 아들들의 이름을 새기되 그들의 나이대로 여섯 이름을 한 보석에, 나머지 여섯 이름은 다른 보석에 새기라 보석을 새기는 자가 도장에 새김 같이 너는 이스라엘 아들들의 이름을 그 두 보석에 새겨 금 테에 물리고 그 두 보석을 에봇의 두 어깨받이에 붙여 이스라엘 아들들의 기념 보석을 삼되 아론이 여호와 앞에서 그들의 이름을 그 두 어깨에 메워서 기념이 되게 할지며"(출 28:9~12)

"아론이 성소에 들어갈 때에는 이스라엘 아들들의 이름을 기록한 이 판결 흉패를 가슴에 붙여 여호와 앞에 영원한 기념을 삼을 것이니라"(출 28:29)

"예수는 영원히 계시므로 그 제사장 직분도 갈리지 아니하느니라 그러므로 자기를 힘입어 하나님께 나아가는 자들을 온전히 구원하실 수 있으니 이는 그가 항상 살아 계셔서 그들을 위하여 간구하심이라"(히 7:24~25)

셋째, 진리이신 분입니다.

"너는 우림과 둠밈을 판결 흉패 안에 넣어 아론이 여호와 앞에 들어갈 때에 그의 가슴에 붙이게 하라 아론은 여호와 앞에서 이스라엘 자손의 흉패를 항상 그의 가슴에 붙일지니라"(출 28:30)

"예수께서 또 말씀하여 이르시되 나는 세상의 빛이니 나를 따르는 자는 어둠에 다니지 아니하고 생명의 빛을 얻으리라"(요 8:12)

"그 안에는 지혜와 지식의 모든 보화가 감추어져 있느니라"(골 2:3)

넷째, 성결하신 분입니다.

"너는 또 순금으로패를 만들어 도장을 새기는 법으로 그 위에 새기되 '여호와께 성결'이라하고 그 패를 청색 끈으로 관 위에 매되곧 관 전면에 있게 하라"(출 28:36~37)

"염소와 황소의 피와 및 암송아지의 재를 부정한 자에게 뿌려 그 육체를 정결하게 하여 거룩하게 하거든 하물며 영원하신 성령으로 말미암아 흠 없는 자기를 하나님께 드린 그리스도의 피가 어찌 너희 양심을 죽은 행실에서 깨끗하게 하고 살아 계신 하나님을 섬기게 하지 못하겠느냐"(히 9:13~14)

그리스도인은 예수 그리스도의 품 안에서 하나님께 나아가는 사람들입니다.

"아론과 그의 아들들이 회막에 들어갈 때에나 제단에 가까이 하여 거룩한 곳에서 섬길 때에 그것들을 입어야 죄를 짊어진 채 죽지 아니하리니 그와 그의 후손이 영원히 지킬 규례니라"(출 28:43)

"그러므로 형제들아 우리가 예수의 피를 힘입어 성소에 들어갈 담력을 얻었나니 그 길은 우리를 위하여 휘장 가운데로 열어 놓으신 새로운 살 길이요 휘장은 곧 그의 육체니라 또 하나님의 집 다스리는 큰 제사장이 계시매 우리가 마음에 뿌림을 받아 악한 양심으로부터 벗어나고 몸은 맑은 물로 씻음을 받았으니 참 마음과 온전한 믿음으로 하나님께 나아가자"(히 10:19~22)

그러므로 성삼위 하나님의 은혜로 예수 그리스도의 품 안에서 하나님께 나아가며 하나님을 영화롭게 하는 우리 모두가 되기를 기도합니다.

출애굽기 29장 1절

"네가 그들에게 나를 섬길 제사장 직분을 위임하여 그들을 거룩하게 할 일은 이러하니 곧 어린 수소 하나와 흠 없는 숫양 둘을 택하고"(개역개정판)

"그리고 이것이 네가 그들을 위해 행할 그 일이다. 그들을 거룩하게 하고 나를 위해 제사장 일을 하도록 너는 흠이 없는 어린 수소 하나와 수양 둘을 취하라"(원문직역)

출애굽기 29장은 제사장 위임식과 제물을 먹는 규례와 상번제에 대한 말씀입니다.

제사장 직분은 영원한 제사장이신 예수 그리스도와 예수 그리스도의 품 안에서 하나님께 드려지는 그리스도인을 예표합니다. 그리스도인은 만인 제사장입니다.

"그러나 너희는 택하신 족속이요 왕 같은 제사장들이요 거룩한 나라요 그의 소유가 된 백성이니 이는 너희를 어두운 데서 불러 내어 그의 기이한 빛에 들어가게 하신 이의 아름다운 덕을 선포하게 하려 하심이라"(벧전 2:9)

만인 제사장인 그리스도인이 예수 그리스도의 품 안에서 제사장의 사명을 담당하려면?

첫째, 세례를 받아야 합니다.

"너는 아론과 그의 아들들을 회막 문으로 데려다가 물로 씻기고"(출 29:4)

둘째, 예수 그리스도의 인격을 덧입어야 합니다.

"의복을 가져다가 아론에게 속옷과 에봇 받침 겉옷과 에봇을 입히고 흉패를 달고 에봇에 정교하게 짠 띠를 띠게 하고 그의 머리에 관을 씌우고 그 위에 거룩한 패를 더하고"(출 29:5~6)

셋째, 성령 충만을 받아야 합니다.

"관유를 가져다가 그의 머리에 부어 바르고"(출 29:7)

넷째, 예수 그리스도의 대속 사역 은총 가운데 거해야 합니다.(출 29:10~14)

"그 수소의 고기와 가죽과 똥을 진 밖에서 불사르라 이는 속죄제니라"(출 29:14)

다섯째, 예수 그리스도의 품 안에서 자신을 하나님께 드려야 합니다.(출 29:15~18)

"그 숫양 전부를 제단 위에 불사르라 이는 여호와께 드리는 번제요 이는 향기로운 냄새니 여호와께 드리는 화제니라"(출 29:18)

여섯째, 하나님과 화목하고 사람들과 화목해야 합니다.(출 29:19~28)

"이는 이스라엘 자손이 아론과 그의 자손에게 돌릴 영원한 분깃이요 거제물이니 곧 이스라엘 자손이 화목제의 제물 중에서 취한 거제물로서 여호와께 드리는 거제물이니라"(출 29:28)

일곱째, 날마다 말씀가운데 거해야 합니다.

"아론과 그의 아들들은 회막 문에서 그 숫양의 고기와 광주리에 있는 떡을 먹을지라"(출 29:32)

여덟째, 날마다 순종과 헌신을 해야 합니다.

"너는 내가 네게 한 모든 명령대로 아론과 그의 아들들에게 그같이 하여 이레 동안 위임식을 행하되"(출 29:35)

아홉째, 날마다 예수 그리스도의 품 안에서 자신을 하나님께 드려야 합니다.(출 29:38~42)

"한 어린 양은 아침에 드리고 한 어린 양은 저녁 때에 드릴지며 한 어린 양에 고운 밀가루 십분의 일 에바와 찧은 기름사분의 일 힌을 더하고 또 전제로 포도주 사분의 일 힌을 더할지며 한 어린 양은 저녁 때에 드리되 아침에 한 것처럼 소제와 전제를 그것과 함께 드려 향기로운 냄새가 되게 하여 여호와께 화제로 삼을지니 이는 너희가 대대로 여호와 앞 회막 문에서 늘 드릴 번제라 내가 거기서 너희와 만나고 네게 말하리라"(출 29:39~42)

그리스도인이 만인 제사장의 사명을 감당해야 하는 이유는 유월절 어린 양이신 예수 그리스도로 구원받았기 때문입니다.

"내가 그 회막과 제단을 거룩하게 하며 아론과 그의 아들들도 거룩하게 하여 내게 제사장 직분을 행하게 하며 내가 이스라엘 자손 중에 거하여 그들의 하나님이 되리니 그들은 내가 그들의 하나님 여호와로서 그들 중에 거하려고 그들을 애굽 땅에서 인도하여 낸 줄을 알리라 나는 그들의 하나님 여호와니라"(출 29:44~46)

그러므로 성삼위 하나님의 은혜로 바른 구원의 위치에서 살아가며 하나님을 영화롭게 하는 우리 모두가 되기를 기도합니다.

출애굽기 30장 1절

"너는 분향할 제단을 만들지니 곧 조각목으로 만들되"(개역개정판)

"그리고 너는 향을 태우는 곳인 분향 제단을 만들어라. 너는 그것을 아카시아 나무로 만들어라"(원문직역)

출애굽기 30장은 향단과 속전과 물두멍과 관유에 대한 말씀입니다.

예수 그리스도와 예수 그리스도의 지체인 그리스도인들의 사역에 대한 예표의 말씀입니다.

예수 그리스도의 대속 사역으로 구원받은 그리스도인들은?

첫째, 예수 그리스도의 품 안에서 성령님과 말씀을 따라 기도하는 사람들입니다.(출 30:1~10, 34~38)

"아론이 아침마다 그 위에 향기로운 향을 사르되 등불을 손질할 때에 사를지며 또 저녁 때 등불을 켤 때에 사를지니 이 향은 너희가 대대로 여호와 앞에 끊지 못할지며 너희는 그 위에 다른 향을 사르지 말며 번제나 소제를 드리지 말며 전제의 술을 붓지 말며 아론이 일 년에 한 번씩 이 향단 뿔을 위하여 속죄하되 속죄제의 피로 일 년에 한 번씩 대대로 속죄할지니라 이 제단은 여호와께 지극히 거룩하니라"(출 30:7~10)

"네가 여호와를 위하여 만들 향은 거룩한 것이니 너희를 위하여는 그 방법대로 만들지 말라 냄새를 맡으려고 이같은 것을 만드는 모든 자는 그 백성 중에서 끊어지리라"(출 30:37~38)

둘째, 예수 그리스도의 품 안에서 몸 된 교회를 받들어 섬기고 세워나가는 사람들입니다.(출 30:11~16)

"계수 중에 드는 모든 자 곧 스무 살 이상 된 자가 여호와께 드리되 너희의 생명을 대속하기 위하여 여호와께 드릴 때에 부자라고 반 세겔에서 더 내지 말고 가난한 자라고 덜 내지 말지며 너는 이스라엘 자손에게서 속전을 취하여 회막 봉사에 쓰라 이것이 여호와 앞에서 이스라엘 자손의 기념이 되어서 너희의 생명을 대속하리라"(출 30:14~16)

셋째, 생명 얻는 회개의 은총가운데 살아가는 사람들입니다.(출 30:17~21)

"그들이 회막에 들어갈 때에 물로 씻어 죽기를 면할 것이요 제단에 가까이 가서 그 직분을 행하여 여호와 앞에 화제를 사를 때에도 그리 할지니라 이와 같이 그들이 그 수족을 씻어 죽기를 면할지니 이는 그와 그의 자손이 대대로 영원히 지킬 규례니라"(출 30:20~21)

넷째, 성령님을 따라 사는 사람들입니다.(출 30:22~33)

"너는 아론과 그의 아들들에게 기름을 발라 그들을 거룩하게 하고 그들이 내게 제사장 직분을 행하게 하고 이스라엘 자손에게 말하여 이르기를 이것은 너희 대대로 내게 거룩한 관유니 사람의 몸에 붓지 말며 이 방법대로 이와 같은 것을 만들지 말라 이는 거룩하니너희는 거룩히 여기라"(출 30:30~32)

그리스도인들은 예수 그리스도의 품 안에서 하나님께 드려진 사람들입니다.

"여호와께서 모세에게 말씀하여 이르시되 네가 이스라엘 자손의 수효를 조사할 때에 조사 받은 각 사람은 그들을 계수할 때에 자기의 생명의 속전을 여호와께 드릴지니 이는 그것을 계수할 때에 그들 중에 질병이 없게 하려 함이라"(출 30:11~12)

그러므로 성삼위 하나님의 은혜로 그리스도인의 바른 위치에서 살아가며 하나님을 영화롭게 하는 우리 모두가 되기를 기도합니다.

출애굽기 31장 13절

"너는 이스라엘 자손에게 말하여 이르기를 너희는 나의 안식일을 지키라 이는 나와 너희 사이에 너희 대대의 표징이니 나는 너희를 거룩하게 하는 여호와인 줄 너희가 알게 함이라"(개역개정판)

"그리고 너는 이스라엘 아들들에게 말하라. 말하기를 반드시 나의 안식일을 너희는 지키라. 참으로 이것이 나와 너희 가운데 표징이니 너희 대대로 참으로 나는 너희를 거룩하게 하는 여호와임을 알게 하는 것이다"(원문직역)

예수 그리스도의 대속 사역 은총으로 구원받은 그리스도인들은?

첫째, 예수 그리스도의 몸 된 교회를 받들어 섬기고 세워나가는 사람들입니다.(출 31:1~11)

"여호와께서 모세에게 말씀하여 이르시되 내가 유다 지파 훌의 손자요 우리의 아들인 브살렐을 지명하여 부르고 하나님의 영을 그에게 충만하게 하여 지혜와 총명과 지식과 여러 가지 재주로 정교한 일을 연구하여 금과 은과 놋으로 만들게 하며 보석을 깎아 물리며 여러 가지 기술로 나무를 새겨 만들게 하리라 내가 또 단 지파 아히사막의 아들 오홀리압을 세워 그와 함께 하게 하며 지혜로운 마음이 있는 모든 자에게 내가 지혜를 주어 그들이 내가 네게 명령한 것을 다 만들게 할지니"(출 31:1~6)

둘째, 성도의 안식일인 주일을 거룩하게 지키는 사람들입니다.(출 31:12~16)

"여호와께서 모세에게 말씀하여 이르시되 너는 이스라엘 자손에게 말하여 이르기를 너희는 나의 안식일을 지키라 이는 나와 너희 사이에 너희 대대의 표징이니 나는 너희를 거룩하게 하는 여호와인 줄 너희가 알게 함이라 너희는 안식일을 지킬지니 이는 너희에게 거룩한 날이 됨이니라 그 날을 더럽히는 자는 모두 죽일지며 그 날에 일하는 자는 모두 그 백성 중에서 그 생명이 끊어지리라 엿새 동안은 일할 것이나 일곱째 날은 큰 안식일이니 여호와께 거룩한 것이라 안식일에 일하는 자는 누구든지 반드시 죽일지니라 이같이 이스라엘 자손이 안식일을 지켜서 그것으로 대대로 영원한 언약을 삼을 것이니 이는 나와 이스라엘 자손 사이에 영원한 표징이며 나 여호와가 엿새 동안에 천지를 창조하고 일곱째 날에 일을 마치고 쉬었음이니라 하라"(출 31:12~17)

그리스도인은 영원한 도덕법인 십계명을 따라 사는 사람들입니다.

"여호와께서 시내 산 위에서 모세에게 이르시기를 마치신 때에 증거판 둘을 모세에게 주시니 이는 돌판이요 하나님이 친히 쓰신 것이더라"(출 31:18)

그러므로 성삼위 하나님의 은혜로 하나님 말씀에 순종하며 하나님을 영화롭게 하는 우리 모두가 되기를 기도합니다.

출애굽기 32장 1절

"백성이 모세가 산에서 내려옴이 더딤을 보고 모여 백성이 아론에게 이르러 말하되 일어나라 우리를 위하여 우리를 인도할 신을 만들라 이 모세 곧 우리를 애굽 땅에서 인도하여 낸 사람은 어찌 되었는지 알지 못함이니라"(개역개정판)

"그리고 그 백성이 모세가 그 산으로부터 내려오는 것이 지체되는 것을 보았다. 그리고 그 백성이 아론에게 모였다. 그리고 그들이 그에게 말했다. 당신은 일어나서 우리를 위해 우리 앞에서 걸을 신들을 만들라. 왜냐하면 애굽 땅으로부터 우리를 데리고 올라온 그 사람 모세에게 무슨 일이 그에게 일어났는지 우리가 알지 못하기 때문이다"(원문직역)

이스라엘 백성들이 시내산 밑에서 우상숭배를 한 이유는?

첫째, 자기 중심적인 신앙생활 때문입니다.

"백성이 모세가 산에서 내려옴이 더딤을 보고 모여 백성이 아론에게 이르러 말하되 일어나라 우리를 위하여 우리를 인도할 신을 만들라 이 모세 곧 우리를 애굽 땅에서 인도하여 낸 사람은 어찌 되었는지 알지 못함이니라"(출 32:1)

둘째, 비진리와의 타협 때문입니다.

"아론이 그들에게 이르되 너희의 아내와 자녀의 귀에서 금 고리를 빼어 내게로 가져오라"(출 32:2)

셋째, 하나님을 아는 지식에 대한 결여 때문입니다.

"모든 백성이 그 귀에서 금 고리를 빼어 아론에게로 가져가매 아론이 그들의 손에서 금 고리를 받아 부어서 조각칼로 새겨 송아지 형상을 만드니 그들이 말하되 이스라엘아 이는 너희를 애굽 땅에서 인도하여 낸 너희의 신이로다 하는지라 아론이 보고 그 앞에 제단을 쌓고 이에 아론이 공포하여 이르되 내일은 여호와의 절일이니라 하니 이튿날에 그들이 일찍이 일어나 번제를 드리며 화목제를 드리고 백성이 앉아서 먹고 마시며 일어나서 뛰놀더라 여호와께서 모세에게 이르시되 너는 내려가라 네가 애굽 땅에서 인도하여 낸 네 백성이 부패하였도다 그들이 내가 그들에게 명령한 길을 속히 떠나 자기를 위하여 송아지를 부어 만들고 그것을 예배하며 그것에게 제물을 드리며 말하기를 이스라엘아 이는 너희를 애굽 땅에서 인도하여 낸 너희 신이라 하였도다"(출 32:3~8)

넷째, 교만하고 강퍅하기 때문입니다.

"여호와께서 또 모세에게 이르시되 내가 이 백성을 보니 목이 뻣뻣한 백성이로다"(출 32:9)

다섯째, 방자했기 때문입니다.

"모세가 본즉 백성이 방자하니 이는 아론이 그들을 방자하게 하여 원수에게 조롱거리가 되게 하였음이라"(출 32:25)

누구든지 성령님과 말씀의 다스림을 받지 못하면 방자하게 됩니다.

의로우신 하나님 앞에서 이스라엘 백성들이 최소한의 징계를 받고 살아남은 것은 예수 그리스도를 표상하는 모세의 중보 기도 때문입니다.(출 32:9~14, 30~32)

"모세가 그의 하나님 여호와께 구하여 이르되 여호와여 어찌하여 그 큰 권능과 강한 손으로 애굽 땅에서 인도하여 내신 주의 백성에게 진노하시나이까 어찌하여 애굽 사람들이 이르기를 여호와가 자기의 백성을 산에서 죽이고 지면에서 진멸하려는 악한 의도로 인도해 내었다고 말하게 하시려 하나이까 주의 맹렬한 노를 그치시고 뜻을 돌이키사 주의 백성에게 이 화를 내리지 마옵소서 주의 종 아브라함과 이삭과 이스라엘을 기억하소서 주께서 그들을 위하여 주를 가리켜 맹세하여 이르시기를 내가 너희의 자손을 하늘의 별처럼 많게 하고 내가 허락한 이 온 땅을 너희의 자손에게 주어 영원한 기업이 되게 하리라 하셨나이다 여호와께서 뜻을 돌이키사 말씀하신 화를 그 백성에게내리지아니하시니라"(출 32:11~14)

"모세가 여호와께로 다시 나아가 여짜오되 슬프도소이다 이 백성이 자기들을 위하여 금 신을 만들었사오니 큰 죄를 범하였나이다 그러나 이제 그들의 죄를 사하시옵소서 그렇지 아니하시오면 원하건대 주께서 기록하신 책에서 내 이름을 지워 버려 주옵소서"(출 32:31~32)

택함 받은 그리스도인들은 연약해도 우상 숭배를 하지 않습니다.

"여호와께서 모세에게 이르시되 누구든지 내게 범죄하면 내가 내 책에서 그를 지워 버리리라"(출 32:33)

그러므로 성삼위 하나님의 은혜로 하나님만 섬기며 하나님을 영화롭게 하는 우리 모두가 되기를 기도합니다.

출애굽기 33장 1절

"여호와께서 모세에게 이르시되 너는 네가 애굽 땅에서 인도하여 낸 백성과 함께 여기를 떠나서 내가 아브라함과 이삭과 야곱에게 맹세하여네 자손에게 주기로 한 그 땅으로 올라가라"(개역개정판)

"그리고 여호와께서 모세에게 말씀하셨다. 너는 가거라 너는 오르거라 이곳으로부터 너와 그 백성은 네가 애굽 땅에서 인도했는데 내가 아브라함과 이삭과 그리고 야곱에게 말하여 네 후손에게 내가 그것을 주리라고 맹세한 그 땅으로"(원문직역)

출애굽기 33장은 징계하시고 언약을 갱신하시는 말씀입니다.

언약을 갱신하시는 하나님은?

첫째, 언약을 신실하게 이행하시는 분입니다.

"여호와께서 모세에게 이르시되 너는 네가 애굽 땅에서 인도하여 낸 백성과 함께 여기를 떠나서 내가 아브라함과 이삭과 야곱에게 맹세하여 네 자손에게 주기로 한 그 땅으로 올라가라"(출 33:1)

둘째, 징계하시는 분입니다.(출 33:2~5)

"내가 사자를 너보다 앞서 보내어 가나안 사람과 아모리 사람과 헷 사람과 브리스 사람과 히위 사람과 여부스 사람을 쫓아내고 너희를 젖과 꿀이 흐르는 땅에 이르게 하려니와 나는 너희와 함께 올라가지 아니하리니 너희는 목이 곧은 백성인즉 내가 길에서너희를 진멸할까 염려함이니라 하시니"(출 33:2~3)

셋째, 생명얻는 회개의 은총을 주시는 분입니다.(출 33:6~11)

"이스라엘 자손이 호렙 산에서부터 그들의 장신구를 떼어 내니라 모세가 항상 장막을 취하여 진 밖에 쳐서 진과 멀리 떠나게 하고 회막이라 이름하니 여호와를 앙모하는 자는 다 진 바깥 회막으로 나아가며 모세가 회막으로 나아갈 때에는 백성이 다 일어나 자기 장막 문에 서서 모세가 회막에 들어가기까지 바라보며"(출 33:6~8)

넷째, 회복시키시는 분입니다.(출 33:12~17)

"여호와께서 이르시되 내가 친히 가리라 내가 너를 쉬게 하리라 모세가 여호와께 아뢰되 주께서 친히 가지 아니하시려거든 우리를 이 곳에서 올려 보내지 마옵소서 나와 주의 백성이 주의 목전에 은총 입은 줄을 무엇으로 알리이까 주께서 우리와 함께 행하심으로 나와 주의 백성을 천하 만민 중에 구별하심이 아니니이까 여호와께서 모세에게 이르시되 네가 말하는 이 일도 내가 하리니 너는 내 목전에 은총을 입었고 내가 이름으로도 너를 앎이니라"(출 33:14~17)

다섯째, 은혜와 긍휼을 베풀어 주시는 분입니다.(출 33:18~23)

"모세가 이르되 원하건대 주의 영광을 내게 보이소서 여호와께서 이르시되 내가 내 모든 선한 것을 네 앞으로 지나가게 하고 여호와의 이름을 네 앞에 선포하리라 나는 은혜 베풀 자에게 은혜를 베풀고 긍휼히 여길 자에게 긍휼을 베푸느니라"(출 33:18~19)

연약한 우리들이 회복되는 것은 예수 그리스도의 중보 기도 때문입니다.

"모세가 여호와께 아뢰되 보시옵소서 주께서 내게 이 백성을 인도하여 올라가라 하시면서 나와 함께 보낼 자를 내게 지시하지 아니하시나이다 주께서 전에 말씀하시기를 나는 이름으로도 너를 알고 너도 내 앞에 은총을 입었다 하셨사온즉 내가 참으로 주의 목전에 은총을 입었사오면 원하건대 주의 길을 내게 보이사 내게 주를 알리시고 나로 주의 목전에 은총을 입게 하시며 이 족속을 주의 백성으로 여기소서"(출 33:12~13)

그러므로 성삼위 하나님의 은혜로 회복의 은총가운데 거하며 하나님을 영화롭게 하는 우리 모두가 되기를 기도합니다.

출애굽기 34장 1절

"여호와께서 모세에게 이르시되너는 돌판 둘을 처음 것과 같이 다듬어 만들라 네가 깨뜨린 처음 판에 있던 말을 내가 그 판에 쓰리니"(개역개정판)

"그리고 여호와께서 모세에게 말씀하셨다. 너는 그 첫번째 것과 같이 돌의 두개의 판들을 깍아라. 그러면 내가 네가 깨트렸던 그 첫번째의 그 돌판들 위에 있었던 그 말씀들을 그 돌판들 위에 쓸 것이라"(원문직역)

십계명은 하나님께서 하나님 나라 백성들에게 주신 영원한 도덕법이며 언약의 징표입니다.

십계명을 주신 하나님은?

첫째, 거룩하신 분입니다.

"아무도 너와 함께 오르지 말며 온 산에 아무도 나타나지 못하게 하고 양과 소도 산 앞에서 먹지 못하게 하라"(출 34:3)

둘째, "아도나이 아도나이 엘"(주 여호와)이신 분입니다.

"여호와께서 구름 가운데에 강림하사 그와 함께 거기 서서 여호와의 이름을 선포하실새 여호와께서 그의 앞으로 지나시며 선포하시되 여호와라 여호와라 자비롭고 은혜롭고 노하기를 더디하고 인자와 진실이 많은 하나님이라 인자를 천대까지 베풀며 악과 과실과 죄를 용서하리라 그러나 벌을 면제하지는 아니하고 아버지의 악행을 자손삼사 대까지 보응하리라"(출 34:5~7)

셋째, 언약을 신실하게 이행하시는 분입니다.

"모세가 급히 땅에 엎드려 경배하며 이르되 주여 내가 주께 은총을 입었거든 원하건대 주는 우리와 동행하옵소서 이는 목이 뻣뻣한 백성이니이다 우리의 악과 죄를 사하시고 우리를주의 기업으로 삼으소서 여호와께서 이르시되 보라 내가 언약을 세우나니 곧 내가 아직 온 땅 아무 국민에게도 행하지 아니한 이적을 너희 전체 백성 앞에 행할 것이라 네가 머무는 나라 백성이 다 여호와의 행하심을 보리니 내가 너를 위하여 행할 일이 두려운 것임이니라"(출 34:8~10)

넷째, 하나님만 섬기기를 원하시는 분입니다.(출 34:11~17)

"너는 스스로 삼가 네가 들어가는 땅의 주민과 언약을 세우지 말라 그것이 너희에게 올무가 될까 하노라 너희는 도리어 그들의 제단들을 헐고 그들의 주상을 깨뜨리고 그들의 아세라 상을 찍을지어다 너는 다른 신에게 절하지 말라 여호와는 질투라 이름하는 질투의 하나님임이니라"(출 34:12~14)

다섯째, 예수 그리스도의 대속 사역의 은총과 몸 된 교회와 하나님 나라 속에서 살기를 원하시는 분입니다.(출 34:18~26)

"너희의 모든 남자는 매년 세 번씩 주 여호와 이스라엘의 하나님 앞에 보일지라"(출 34:23)

여섯째, 언약 말씀인 십계명에 순종하기를 원하시는 분입니다.(출 34:27~35)

"여호와께서 모세에게 이르시되 너는 이 말들을 기록하라 내가 이 말들의 뜻대로 너와 이스라엘과 언약을 세웠음이니라 하시니라 모세가 여호와와 함께 사십 일 사십 야를 거기 있으면서 떡도 먹지 아니하였고 물도 마시지 아니하였으며 여호와께서는 언약의 말씀 곧 십계명을 그 판들에 기록하셨더라"(출 34:27~28)

예수 그리스도의 대속 사역의 은총으로 구원받은 그리스도인들은 하나님을 사랑하고 영혼들을 사랑하는 사람들입니다.

"예수께서 이르시되 네 마음을 다하고 목숨을 다하고 뜻을 다하여 주 너의 하나님

을 사랑하라 하셨으니 이것이 크고 첫째 되는 계명이요 둘째도 그와 같으니 네 이
웃을 네 자신 같이 사랑하라 하셨으니 이 두 계명이 온 율법과 선지자의 강령이니
라"(출 34:37~40)

그러므로 성삼위 하나님의 은혜로 십계명에 순종하며 하나님을 영화롭게 하는 우리 모두가 되기를 기도합니다.

출애굽기 35장 5절

"너희의 소유 중에서 너희는 여호와께 드릴 것을 택하되 마음에 원하는 자는 누구든지 그것을 가져다가 여호와께 드릴지니 곧 금과 은과 놋과"(개역개정판)

"너희는 너희에게서 여호와께 드릴 예물을 취하라. 그의 마음의 모든 자원하는 자가 여호와의 예물을 가져오게 하라. 금과 은과 동과"(원문직역)

출애굽기 35장은 성막 건축에 관한 말씀입니다.

성막은 예수 그리스도와 예수 그리스도의 몸 된 교회를 예표합니다.

그리스도인들이 예수 그리스도의 몸 된 교회를 받들어 섬기고 세워 나아가려면?

첫째, 주일 성수해야 합니다.

"모세가 이스라엘 자손의 온 회중을 모으고 그들에게 이르되 여호와께서 너희에게 명령하사 행하게 하신 말씀이 이러하니라 엿새 동안은 일하고 일곱째 날은 너희를 위한 거룩한 날이니 여호와께 엄숙한 안식일이라 누구든지 이 날에 일하는 자는 죽일지니 안식일에는 너희의 모든 처소에서 불도 피우지 말지니라"(출 35:1~3)

그리스도인의 안식일인 주일은 하나님과 하나님 나라 백성이 맺은 언약의 징표입니다.

둘째, 자원하는 마음으로 예물을 드려야 합니다.(출 35:4~29)

"너희의 소유 중에서 너희는 여호와께 드릴 것을 택하되 마음에 원하는 자는 누구든지 그것을 가져다가 여호와께 드릴지니 곧 금과 은과 놋과"(출 35:5)

"마음이 감동된 모든 자와 자원하는 모든 자가 와서 회막을 짓기 위하여 그 속에서 쓸 모든 것을 위하여, 거룩한 옷을 위하여 예물을 가져다가 여호와께 드렸으니 곧 마음에 원하는 남녀가 와서 팔찌와 귀고리와 가락지와 목걸이와 여러 가지 금품을 가져다가 사람마다 여호와께 금 예물을 드렸으며"(출 35:21~22)

"마음에 자원하는 남녀는 누구나 여호와께서 모세의 손을 빌어 명령하신 모든 것을 만들기 위하여 물품을 드렸으니 이것이 이스라엘 자손이 여호와께 자원하여 드린 예물이니라"(출 35:29)

"각각 그 마음에 정한 대로 할 것이요 인색함으로나 억지로 하지 말지니 하나님은 즐겨 내는 자를 사랑하시느니라"(고후 9:7)

셋째, 각 사람에게 주신 은사로 섬겨야 합니다.

"무릇 너희 중 마음이 지혜로운 자는 와서 여호와께서 명령하신 것을 다 만들지니"(출 35:10)

"은사는 여러 가지나 성령은 같고 직분은 여러 가지나 주는 같으며 또 사역은 여러 가지나 모든 것을 모든 사람 가운데서 이루시는 하나님은 같으니 각 사람에게 성령을 나타내심은 유익하게 하려 하심이라"(고전 12:4~7)

넷째, 성령 충만으로 섬겨야 합니다.(출 35:30~35)

"모세가 이스라엘 자손에게 이르되 볼지어다 여호와께서 유다 지파 훌의 손자요 우리의 아들인 브살렐을 지명하여 부르시고 하나님의 영을 그에게 충만하게 하여 지혜와 총명과 지식으로 여러 가지 일을하게 하시되"(출 35:30~31)

그리스도인들은 예수 그리스도의 몸 된 교회를 받들어 섬기고 세워나가는 사람들입니다.

"나는 이제 너희를 위하여 받는 괴로움을 기뻐하고 그리스도의 남은 고난을 그의 몸된 교회를 위하여 내 육체에 채우노라"(골 1:24)

그러므로 성삼위 하나님의 은혜로 교회를 받들어 섬기고 세워 나아가며 하나님을 영화롭게 하는 우리 모두가 되기를 기도합니다.

출애굽기 36장 1절

"브살렐과 오홀리압과 및 마음이 지혜로운 사람 곧 여호와께서 지혜와 총명을 부으사 성소에 쓸 모든 일을 할 줄 알게 하신 자들은 모두 여호와께서 명령하신 대로 할 것이니라"(개역개정판)

"그리고 브살렐과 오홀리압과 마음이 지혜로운 모든 사람들이 만들 것이다. 여호와께서 지혜와 총명으로 그들안에 알도록 주셨고 그 거룩한 곳의 일감의 모든 일을 하도록 하셨으니 여호와께서 명령하신 모든 것을 따라(되었다)"(원문직역)

그리스도인들은 교회를 받들어 섬기고 세워 나가는 사람들입니다.

그리스도인들이 교회를 받들어 섬기고 세워 나아가려면?

첫째, 하나님 명령에 순종해야 합니다.

"브살렐과 오홀리압과 및 마음이 지혜로운 사람 곧 여호와께서 지혜와 총명을 부으사 성소에 쓸 모든 일을 할 줄 알게 하신 자들은 모두 여호와께서 명령하신 대로 할 것이니라"(출 36:1)

둘째, "하캄"(지혜로운 마음)으로 섬겨야 합니다.

"모세가 브살렐과 오홀리압과 및 마음이 지혜로운 사람 곧 그 마음에 여호와께로부터 지혜를 얻고 와서"(출 36:2상)

셋째, 자원하는 마음으로 섬겨야 합니다.

"그 일을 하려고 마음에 원하는 모든 자를 부르매"(출 36:2하)

넷째, 청렴 결백으로 섬겨야 합니다.

"그들이 이스라엘 자손의 성소의 모든 것을 만들기 위하여 가져온 예물을 모세에게서 받으니라 그러나 백성이 아침마다 자원하는 예물을 연하여 가져왔으므로 성소의 모든 일을 하는 지혜로운 자들이 각기 하는 일을 중지하고 와서 모세에게 말하여 이르되 백성이 너무 많이 가져오므로 여호와께서 명령하신 일에 쓰기에 남음이 있나이다"(출 36:3~5)

다섯째, 하나님께서 주신 은혜로 섬겨야 합니다.

"모세가 명령을 내리매 그들이 진중에 공포하여 이르되 남녀를 막론하고 성소에 드릴 예물을 다시 만들지 말라 하매 백성이 가져오기를 그치니 있는 재료가 모든 일을 하기에 넉넉하여 남음이 있었더라"(출 36:6~7)

여섯째, 진리의 말씀을 따라 섬겨야 합니다.(출 36:8~38)

"일하는 사람 중에 마음이 지혜로운 모든 사람이 열 폭 휘장으로 성막을 지었으니 곧 가늘게 꼰 베 실과 청색 자색 홍색 실로 그룹들을 무늬 놓아 짜서 지은 것이라"(출 36:8)

"그가 또 조각목으로 성막에 세울 널판들을 만들었으니"(출 36:20)

"그가 또 청색 자색 홍색 실과 가늘게 꼰 베 실로 휘장을 짜고 그 위에 그룹들을 정교하게 수 놓고 조각목으로 네 기둥을 만들어 금으로 쌌으며 그 갈고리는 금으로 기둥의 네 받침은 은으로 부어 만들었으며 청색 자색 홍색 실과 가늘게 꼰 베 실로 수 놓아 장막 문을 위하여 휘장을 만들고 휘장 문의 기둥 다섯과 그 갈고리를 만들고 기둥 머리와 그 가름대를 금으로 쌌으며 그 다섯 받침은 놋이었더라"(출 36:35~38)

하나의 거룩한 공교회에 속한 바른 지교회를 영적 유산으로 상속받아 받들어 섬기고 세워 나가는 그리스도인들은 복 받은 그리스도인들 입니다.

그러므로 성삼위 하나님의 은혜로 영적 기업으로 주신 교회를 받들어 섬기고 세워 나아가며 하나님을 영화롭게 하는 우리 모두가 되기를 기도합니다.

출애굽기 37장 1절

"브살렐이 조각목으로 궤를 만들었으니 길이가 두 규빗 반, 너비가 한 규빗 반, 높이가 한 규빗 반이며"(개역개정판)

"브살렐이 아카시아 나무로 그 궤를 만들었다. 길이는 두 규빗 반 넓이는 한 규빗 반 높이는 한 규빗 반"(원문직역)

출애굽기 37장은 성소와 지성소안의 성물을 통해 예수 그리스도의 품 안에서 하나님을 만나고 나아가는 하나님 나라 백성들의 정체성을 가르칩니다.

예수 그리스도의 대속 사역 은총으로 구원받은 그리스도인들은?

첫째, 예수 그리스도의 품 안에서 하나님을 만나는 사람들입니다.(출 37:1~9)

"순금으로 속죄소를 만들었으니 길이가 두 규빗 반, 너비가 한 규빗 반이며 금으로 그룹 둘을 속죄소 양쪽에 쳐서 만들었으되 한 그룹은 이쪽 끝에, 한 그룹은 저쪽 끝에 곧 속죄소와 한 덩이로 그 양쪽에 만들었으니그룹들이 그 날개를 높이 펴서 그 날개로 속죄소를 덮었으며 그 얼굴은 서로 대하여 속죄소를 향하였더라"(출 37:6~9)

둘째, 생명의 떡이신 예수 그리스도의 품 안에서 하나님께 드려진 사람들입니다.(출 37:10~16)

"그가 또 조각목으로 상을 만들었으니 길이가 두 규빗, 너비가 한 규빗, 높이가 한 규빗 반이며 순금으로 싸고 위쪽 가장자리로 돌아가며 금 테를 둘렀으며 그 주위에 손바닥 넓이만한 턱을 만들고 그 턱 주위에 금으로 테를 만들었고"(출 37:10~12)

셋째, 성령님의 은혜로 세상의 빛된 사람들입니다.(출 37:17~24)

"그가 또 순금으로 등잔대를 만들되 그것을 쳐서 만들었으니 그 밑판과 줄기와 잔과 꽃받침과 꽃이 그것과 한 덩이로 되었고 가지 여섯이 그 곁에서 나왔으니 곧 등잔대의 세 가지는 저쪽으로 나왔고 등잔대의 세 가지는 이쪽으로 나왔으며 이쪽 가지에 살구꽃 형상의 잔 셋과 꽃받침과 꽃이 있고 저쪽 가지에 살구꽃 형상의 잔 셋과 꽃받침과 꽃이 있어 등잔대에서 나온 가지 여섯이 그러하며"(출 37:17~19)

"너희는 세상의 빛이라 산 위에 있는 동네가 숨겨지지 못할 것이요 사람이 등불을 켜서 말 아래에 두지 아니하고 등경 위에 두나니 이러므로 집 안 모든 사람에게 비치느니라 이같이 너희 빛이 사람 앞에 비치게 하여 그들로 너희 착한 행실을 보고 하늘에 계신 너희 아버지께 영광을 돌리게 하라"(마 5:14 – 16)

넷째, 예수 그리스도의 품 안에서 성령님과 말씀을 따라 기도하는 사람들입니다.(출 37:25~29)

"거룩한 관유와 향품으로 정결한 향을 만들었으되 향을 만드는 법대로 하였더라"(출 37:29)

그리스도인들은 예수 그리스도의 품 안에서 하나님께 나아가며 하나님께 드려진 사람들입니다.

그러므로 성삼위 하나님의 은혜로 세상에서 빛 된 사명을 감당하며 하나님을 영화롭게 하는 우리 모두가 되기를 기도합니다.

출애굽기 38장 1절

"그가 또 조각목으로 번제단을 만들었으니 길이는 다섯 규빗이요 너비도 다섯 규빗이라 네모가 반듯하고 높이는 세 규빗이며"(개역개정판)

"그리고 그가 그 번제의 제단을 아카시아 나무로 만들었다. 그것의 길이는 다섯 규빗이고 그리고 그것은 넓이는 다섯 규빗으로 정사각형이다. 그리고 그것의 높이는 세 규빗이다"(원문직역)

예수 그리스도의 대속 사역 은총으로 구원받은 그리스도인들은?

첫째, 예수 그리스도의 대속 사역으로 구원의 은총을 받은 사람들입니다.(출 38:1~7)

"그가 또 조각목으로 번제단을 만들었으니 길이는 다섯 규빗이요 너비도 다섯 규빗이라 네모가 반듯하고 높이는 세 규빗이며 그 네 모퉁이 위에 그 뿔을 만들되 그 뿔을 제단과 연결하게 하고 제단을 놋으로 쌌으며"(출 38:1~2)

둘째, 생명 얻는 회개의 은총가운데 사는 사람들입니다.

"그가 놋으로 물두멍을 만들고 그 받침도 놋으로 하였으니 곧 회막 문에서 수종드는 여인들의 거울로 만들었더라"(출 38:8)

셋째, 예수 그리스도를 통해 하나님께 나아가며 예수 그리스도의 몸 된 교회의 지체가 된 사람들입니다.(출 38:9~20)

"그가 또 뜰을 만들었으니 남으로 뜰의 남쪽에는 세마포 포장이 백 규빗이라 그 기둥이 스물이며 그 받침이 스물이니 놋이요 기둥의 갈고리와 가름대는 은이며"(출 38:9~10)

"뜰의 휘장 문을 청색 자색 홍색 실과 가늘게 꼰 베 실로 수 놓아 짰으니 길이는 스무 규빗이요 너비와 높이는 뜰의 포장과 같이 다섯 규빗이며 그 기둥은 넷인데 그 받침 넷은 놋이요 그 갈고리는 은이요 그 머리 싸개와 가름대도 은이며 성막 말뚝과 뜰 주위의 말뚝은 모두 놋이더라"(출 38:18~20)

"그러므로 예수께서 다시 이르시되 내가 진실로 진실로 너희에게 말하노니 나는 양의 문이라 나보다 먼저 온 자는 다 절도요 강도니 양들이 듣지 아니하였느니라 내가 문이니 누구든지 나로 말미암아 들어가면 구원을 받고 또는 들어가며 나오며 꼴을 얻으리라 도둑이 오는 것은 도둑질하고 죽이고 멸망시키려는 것뿐이요 내가 온 것은 양으로 생명을 얻게 하고 더 풍성히 얻게 하려는 것이라"(요 10:7~10)

넷째, 기쁨과 즐거움으로 예수 그리스도의 몸 된 교회를 받들어 섬기고 세우는 사람들입니다.(출 38:21~31)

"성소 건축 비용으로 들인 금은 성소의 세겔로 스물아홉 달란트와 칠백삼십 세겔이며 계수된 회중이 드린 은은 성소의 세겔로 백 달란트와 천칠백칠십오 세겔이니 계수된 자가 이십 세 이상으로 육십만 삼천오백오십 명인즉 성소의 세겔로 각 사람에게 은 한 베가 곧 반 세겔씩이라"(출 38:24~26)

예수 그리스도의 몸 된 교회는 교회법에 순종하며 하나님 말씀으로 지체들이 더불어 함께 지어져 가며 세워나가는 곳 입니다.

"성막 곧 증거막을 위하여 레위 사람이 쓴 재료의 물목은 제사장 아론의 아들 이다말이 모세의 명령대로 계산하였으며 유다 지파 훌의 손자요 우리의 아들인 브살렐은 여호와께서 모세에게 명령하신모든 것을 만들었고 단 지파 아히사막의 아들 오홀리압이 그와 함께 하였으니 오홀리압은 재능이 있어서 조각하며 또 청색 자색 홍색 실과 가는 베 실로 수 놓은 자더라"(출 38:21~23)

그러므로 성삼위 하나님의 은혜로 그리스도인의 바른 위치에서 살아가며 하나님을 영화롭게 하는 우리 모두가 되기를 기도합니다.

출애굽기 39장 1절

"그들은 여호와께서 모세에게 명령하신 대로 청색 자색 홍색 실로 성소에서 섬길 때 입을 정교한 옷을 만들고 또 아론을 위해 거룩한 옷을 만들었더라"(개역개정판)

"그리고 그들은 청색실과 자색실과 홍색실로 그 성소에서 섬기기 위한 예복들을 만들었다. 그리고 여호와께서 모세에게 명령하신 것과 같이 아론을 위하여 그 거룩한 옷들을 만들었다"(원문직역)

제사장 의복은 하늘 성소의 제사장인 예수 그리스도의 거룩한 속성과 거룩한 사역을 예표합니다.

하늘 성소의 대제사장이신 예수 그리스도는?

첫째, 하늘 성소에서 사역하시는 거룩하신 분입니다.(출 39:1, 22~26)

"그들은 여호와께서 모세에게 명령하신 대로 청색 자색 홍색 실로 성소에서 섬길 때 입을 정교한 옷을 만들고 또 아론을 위해 거룩한 옷을 만들었더라"(출 39:1)

"청색 자색 홍색 실과 가는 베 실로 그 옷 가장자리에 석류를 수 놓고 순금으로 방울을 만들어 그 옷 가장자리로 돌아가며 석류 사이사이에 달되 방울과 석류를 서로 간격을 두고 번갈아 그 옷 가장자리로 돌아가며 달았으니 여호와께서 모세에게 명령하신 대로 하였더라"(출 39:24~26)

"그러므로 하늘에 있는 것들의 모형은 이런 것들로써 정결하게 할 필요가 있었으나 하늘에 있는 그것들은 이런 것들보다 더 좋은 제물로 할지니라 그리스도께서는 참 것의 그림자인 손으로 만든 성소에 들어가지 아니하시고 바로 그 하늘에 들어가사 이제 우리를 위하여 하나님 앞에 나타나시고"(히 9:23~24)

둘째, 하나님의 자녀들을 품에 안으시고 중보사역 하시는 분입니다.(출 39:2~21)

"에봇 위에 에봇을 매는 띠를 에봇과 같은 모양으로 금 실과 청색 자색 홍색 실과 가늘게 꼰 베 실로 에봇에 붙여 짰으니 여호와께서 모세에게 명령하신 대로 하였더라 그들은 또 호마노를 깎아 금 테에 물려 도장을 새김 같이 이스라엘의 아들들의 이름을 그것에 새겨 에봇 어깨받이에 달아 이스라엘의 아들들을 기념하는 보석을 삼았으니 여호와께서 모세에게 명령하신 대로 하였더라"(출 39:5~7)

"그가 또 흉패를 정교하게 짜되 에봇과 같은 모양으로 금 실과 청색 자색 홍색 실과 가늘게 꼰 베 실로 하였으니 그것의 길이가 한 뼘, 너비가 한 뼘으로 네 모가 반듯하고 두 겹이며 그것에 네 줄 보석을 물렸으니 곧 홍보석 황옥 녹주옥이 첫 줄이요 둘째 줄은 석류석 남보석 홍마노요 셋째 줄은 호박 백마노 자수정이요 넷째 줄은 녹보석 호마노 벽옥이라 다 금 테에 물렸으니 이 보석들은 이스라엘의 아들들의 이름 곧 그들의 이름대로 열둘이라 도장을 새김 같이 그 열두 지파의 각 이름을 새겼으며"(출 39:8~14)

"예수는 영원히 계시므로 그 제사장 직분도 갈리지 아니하느니라 그러므로 자기를 힘입어 하나님께 나아가는 자들을 온전히 구원하실 수 있으니 이는 그가 항상 살아 계셔서 그들을 위하여 간구하심이라"(히 7:24~25)

셋째, 거룩하시고 성결하신 분입니다.(출 39:27~31)

"그들이 또 순금으로 거룩한 패를 만들고 도장을 새김 같이 그 위에 '여호와께 성결'이라 새기고 그 패를 청색 끈으로 관 전면에 달았으니 여호와께서 모세에게 명령하신 대로 하였더라"(출 39:30~31)

"이러한 대제사장은 우리에게 합당하니 거룩하고 악이 없고 더러움이 없고 죄인에게서 떠나 계시고 하늘보다 높이 되신 이라"(히 7:26)

예수 그리스도만이 영원한 제사장이시고 유일한 중보자이십니다.

그러므로 성삼위 하나님의 은혜로 예수 그리스도를 사랑하며 하나님을 영화롭게 하는 우리 모두가 되기를 기도합니다.

출애굽기 40장 2절

> **"너는 첫째 달 초하루에 성막 곧 회막을 세우고"**(출 40:2)
>
> **"그 달의 그 첫날에 너는 그 성막 곧 회막을 세우라"**(원문 직역)

회막은 예수 그리스도와 예수 그리스도의 몸 된 교회를 예표합니다.

교회 머리되시는 예수 그리스도는?

첫째, 은혜의 보좌에 앉아 계신 분입니다.

"또 증거궤를 들여놓고 또 휘장으로 그 궤를 가리고"(출 40:3)

둘째, 생명의 말씀이신 분입니다.

"또 상을 들여놓고 그 위에 물품을 진설하고"(출 40:4상)

셋째, 세상의 빛이신 분입니다.

"등잔대를 들여놓아 불을 켜고"(출 40:4하)

넷째, 그리스도인들을 품에 안고 기도하시는 분입니다.

"또 금 향단을 증거궤 앞에 두고 성막 문에 휘장을 달고"(출 40:5)

다섯째, 십자가 대속 사역을 담당하시는 분입니다.

"또 번제단을 회막의 성막 문 앞에 놓고"(출 40:6)

여섯째, 생명 얻는 회개의 은총을 베풀어 주시는 분입니다.

"또 물두멍을 회막과 제단 사이에 놓고 그 속에 물을 담고"(출 40:7)

일곱째, 바른 교리로 교회를 지키시는 분입니다.

"또 뜰 주위에 포장을 치고"(출 40:8상)

여덟째, 교회의 문이신 분입니다.

"뜰 문에 휘장을 달고"(출 40:8하)

아홉째, 성령님으로 거룩하게 하시는 분입니다.

"또 관유를 가져다가 성막과 그 안에 있는 모든 것에 발라 그것과 그 모든 기구를 거룩하게 하라 그것이 거룩하리라 너는 또 번제단과 그 모든 기구에 발라 그 안을 거룩하게 하라 그 제단이 지극히 거룩하리라 너는 또 물두멍과 그 받침에 발라 거룩하게 하고 너는 또 아론과 그 아들들을 회막 문으로 데려다가 물로 씻기고 아론에게 거룩한 옷을 입히고 그에게 기름을 부어 거룩하게 하여 그가 내게 제사장의 직분을 행하게 하라 너는 또 그 아들들을 데려다가 그들에게 겉옷을 입히고 그 아버지에게 기름을 부음 같이 그들에게도 부어서 그들이 내게 제사장의 직분을 행하게 하라 그들이 기름 부음을 받았은즉 대대로 영영히 제사장이 되리라 하시매"(출 40:9~15)

열째, 교회를 진리로 세우시고 세상으로부터 지키시는 분입니다.

"모세가 성막을 세우되 그 받침들을 놓고 그 널판들을 세우고 그 띠를 띠우고 그 기둥들을 세우고 또 성막 위에 막을 펴고 그 위에 덮개를 덮으니 여호와께서 모세에게 명령하신 대로 되니라"(출 40:18~19)

그리스도인들은 예수 그리스도의 몸 된 교회를 받들어 섬기고 세워나가는 사람들입니다.

그러므로 성삼위 하나님의 은혜로 그리스도인의 바른 위치에서 살아가며 하나님을 영화롭게 하는 우리 모두가 되기를 기도합니다.

이 책의 출판소식에 전해온 찬사들

강대춘 은퇴목사

본인이 저자를 알고 교제하가는 1981년 합신(5회)에 입학하면서부터 41년, 오늘에 이르렀기에 저자의 학문과 인품과 성격상 많은 독자들도 한 번 빠지면 나올 수 없는 블랙홀이 되리라 생각한다. 저자는 성경주석가이다. 성경주석에 필요한 조직신학과 교회사와 교회법과 원문의 해박한 지식과 경건이 있다.

강선일 목사 | 본이되는교회 원로

저자가 평소에 성경을 원문으로 직역하고 간단히 주석한 것을 이 메일로 보내주어 받게 되었습니다. 그것은 성경내용을 명확하게 파악할 수 있게 했습니다. 거기에 달아놓은 핵심내용은 구속사적이요 철저히 하나님께만 의존하는 말씀중심의 신앙이요 성경과 하나님께서 말씀하시고자 하시는 핵심내용을 드러내어 크게 유익하였습니다.

고형근 목사 | 큰사랑교회

성경을 연구하는 작업은 즐겁고 행복하면서도 힘든 작업입니다. 김상수 목사님은 원문을 읽고, 직역하면서, 그 결과물을 평소에 카톡을 통해서 나눔을 하셨습니다. 성경을 성경으로 해석하려고 하셨으며, 무엇보다 성삼위 하나님을 드러내려고 애를 쓰셨습니다. 하나님께서 크게 기뻐하실 일이라고 여겨집니다.

김광수 목사 | 밀알교회 원로

제가 잘 알고 있는 김상수 목사님은 오직 성경에서만 이 해답을 찾고 영적으로 성령이 충만한 가운데에서 모든 사람들에게 소망을 주십니다. 그러기에 이 책을 통해 주님의 참된 제자로 교회를 섬기며 신앙생활을 훌륭하게 하도록 큰 힘이 되는 지침서가 될 것입니다. 독자에게 영혼을 깨울 수 있기를 기대하며 기도드립니다.

김광욱 목사 | 한샘교회

이 책은 누구나 접할 수 있도록 간단하고 쉬운 것 같으면서도 설교자에게는 귀한 영감을 성도에게는 넘치는 은혜를 신학연구자에게는 귀한 연구 자료를 제공할 보고가 될 것입니다.

김기일 장로 | 캡스톤 주님의교회, 국제 CBMC 부이사장 토론토

매일, 아침마다 대하는 목사님의 묵상은 대할 때마다 아름답고 맑은 영혼의 편지 같습니다. 이 시대에 다시 쓰여 지는 솔로몬의 묵상, 생명의 글들이 영혼들을 일깨워 주고 사랑하는 주님과 손잡고 살아가고자 하시는 모든 분들에게 영원한 사랑의 편지가 되시기를 바랍니다.

김상균 목사 | 제자된교회

성경 원문에 담긴 오묘한 교훈들을 성령의 지혜를 구하는 가운데 한 절, 한 절 연구하며 기록한 말씀들은 마치 성경의 깊은 우물에서 지금 막 길어 퍼 올린 생수와 같다는 느낌이다. 목회 35년, 평생 복음 메시지를 증거 해 온 저자가 깊은 연구와 묵상을 통해 감추인 보배를 찾는 듯(잠 2:4) 교훈을 담았기에 더욱 울림이 있다.

김조이 선교사 | 아프리카 말라위

서 있는 것만으로도 치열한 영적 전투현장에서, 히브리어와 헬라어 원어에 충실하게 깊이깊이 내린 우물물 두레박처럼 길어 올리신 생명수 말씀을 말라위까지 보내 주셔서 '지꼬모=감사합니다'. 그 생수를 선교현장에 고스란히 흘려보내며, 진리 예수 그리스도를 힘차게 전할 수 있었습니다. 모든 영광 하나님께. Soli Deo Glatia.

김태준 원로목사 | 중동교회

김상수 목사의 말씀을 묵상은 읽을수록 성경을 이해하고 말씀사역에 힘이 되며 유익함을 누린다. 말씀의 본래의 뜻을 정확히 알 수 있도록 원어의 의미를 담아내며, 문맥을 따라 핵심이 되는 내용을 질서 있게 정리해 주고 있다. 성경본문의 내용 파악을 잘 할 수 있도록 해 주고 있다. 여기에 묵상해서 살을 붙이면 훌륭한 설교가 된다. 이 내용을 묶어 책으로 내게 되니 심히 기쁘다.

김형원 목사 | 주님의 교회

김상수 목사님은 성경 말씀을 원문을 통해서 보다 원초적으로 하나님의 뜻을 깨닫고자 매일 연구한 것을 카톡으로 보내 주셨습니다. 아침마다 귀한 연구의 결과를 읽으면서 오직 말씀대로 살리라 다짐했던 목회 초심으로 돌아가곤 하였습니다. 감사합니다.

김호성 목사, 선교사 | 미동부, 뉴욕성시화운동 대표

창조주 하나님을 찬송함이 끊어지며, 하나님과 대면하는 기도조차 끊어지며, 세상이 심히 어두움으로 들어가고 있는 시대에, 김상수 목사님의 매일의 묵상은 우리들의 혼잡한 마음과 영혼이 평안으로 인도되어 잔잔한 호수와 같은 평안을 느끼게 해주며, 쉴만한 물가와 푸른 초장으로 우리들을 인도해 주고 있습니다.

박찬민 목사 | 양주 명성교회

군더더기 없이 간결하고 명쾌한 성경 원문 번역과, 성경 스스로 성경을 해석하게 하는 쉽고도 심오한 성경강해가, 인공조미료를 넣지 않은 순수 자연식품처럼 날것 그대로 성경의 진미를 맛보게 해주는 이제껏 그 누구도 시도해보지 않은 신기원의 지평을 연 성경번역 강해서이다.

박형서 선교사 | 한민족고구마나눔운동본부 대표

김상수 목사님은 영혼을 위한 샘물을 길어 섬기시는 교회의 성도와 그리스도 예수 안의 지체들에게 퍼 나르시는 종이십니다. 12년이 넘도록 오대양 육대주로 맑은 영혼의 생수를 하루도 빠짐없이 퍼 나르셨습

니다. 주님께서 세우신 성령의 사람, 말씀의 공명 나팔 소리였습니다. 하나님의 마음을 헤아리며 깊은 말씀의 은혜로 하나님의 이름을 찬양하게 되기를 기도합니다.

방예배 선교사 | 카자흐스탄

선교지에서 날마다 아침을 맞이하며 김상수 목사님의 말씀 묵상을 읽습니다. 메마른 광야 같은 삶의 현장에서 말씀 묵상을 통해 하늘의 은혜를 갈망합니다. 나와 이웃들의 삶 속에 하나님의 말씀이 샘물처럼 흘러 넘쳐 우리 안에 예수님의 생명이 가득하기를 소망합니다.

배현주 목사 | 주교개혁장로교회

이 저서는 김상수 목사님께서 주명교회의 성도들에게 카톡으로 보내는 매일 한 장의 성경을 일목요연하게 정리하였다는 장점이 있다. 그래서 특히 매일 새벽기도를 인도하는 목회자들에게 매우 유익 하리라고 본다. 저자가 원문의 분석까지 마치시고 정리한 이 메시지는 즉시 설명 할 수 있기 때문이다.

백경진 선교사 | 마다가스카르

매일, 흔들릴 수밖에 없는 환경 속에서 더욱 하나님을 중심으로 성경을 바라보고 또한 하나님의 인류 구원을 향한 그 분의 사랑과 은혜를 체험 할 수 있었습니다. 특히 전반적인 묵상의 내용이 철저하게 하나님의 말씀 중심이라는 점에서 영원히 변치 않으시는 하나님을 알아 가는데 더욱 한걸음 나아갈 수 있었습니다.

손경순 선교사 | 필리핀

2013년부터 오늘까지 아침마다 보내주시는 짧은 묵상의 말씀이 저에게는 매일 매일 새 아침을 여는 밝은 문입니다. 더욱이 그 날의 본문 말씀을 원문으로 직역 해 주셔서 좀 더 이해하기가 쉬었습니다. 카톡으로 보내 주셔서 소수의 사람만 읽을 수 있었던 묵상의 말씀이 책으로 엮어져 많은 분들이 읽을 수 있다니 감사합니다.

송은근 목사 | 새로남교회

김상수 목사님께서 아침마다 보내주시는 말씀은 사막을 출발하는 첫 걸음에 내 영혼에 새벽이슬과 하늘의 만나(Dailly bread)를 주심과 같이 느낍니다. 이 만나를 새벽에 성도들과 나누기도 합니다. 감사합니다.

심성형 선교사 | R국

할렐루야! 하나님의 은혜입니다. 하나의 책은 하나님을 알아가는 징검다리와 같다고 볼 수 있습니다. 작은 강물이 흘러서 큰 바다로 모이는 것처럼 말씀 하나하나 모여 큰 말씀을 이루는 은혜를 경험합니다. 2014년, 이 말씀을 처음 받을 때 생각이 납니다. 개혁주의 입장에서 말씀을 배워야 한다고 가르쳐 주신 김상수 목사님께 감사를 드립니다.

윤여성 목사 | 열린문교회

많은 성도가 이런 목마름을 느끼는 그런 형편 속에 처해 있을 때 '합신'에서 만난 우리 친구 김상수 목사는 개혁주의 신학에 바탕한 계시적 혜안과 해석을 담은 온라인 말씀 사역을 하며 매진해 왔습니다. 저는 처음부터, 이 단톡방의 단골손님으로 오늘까지 큰 혜택을 누려 왔습니다. 그는 폭 넓은 목회의 영지를 확장시키며 수많은 사람들에게 그의 영적 기쁨과 축복을 베풀기에 지치지 않았습니다.

이선상 대표 | 썬디스플레이, 전나사렛형제들신협이사장

언제부터인가 잠언서를 보면서 깊이가 있는 묵상 나눔으로 생각해 보았다. 목사님의 탐구는 한 두 개, 서너 개가 아니라 배 이상의 깊이가 번호로 나열된다. 그것이 원문에 입각하니 저렇게 다채로운 관점을 갖게 되는구나, 이런 생각을 종종 했었다. 한 가지, 한 가지 내용들이 때로는 깊고 넓어서 묵상하는 사람 입장에서는 참 좋은 교보재가 된 듯 싶다.

이진희 선교사 | 나이지리아

김상수 목사님의 카톡 큐티는 한 줄기의 맑은 물이 목을 축이는 것 같았습니다. 기본에서 벗어나지 아니하고 차분하게 본문에 충실하게 풀어가는 말씀은 하나님의 마음을 알아 가는데 아름다운 길잡이 역할을 하고 있습니다. 기독교인의 삶을 바르게 훈련 하는데 귀한 길잡이 라고 사료됩니다.

조평안 선교사 | 베트남

365일 하루도 빼놓지 않고 사모님을 통해 보내주시는 주명교회 김상수 목사님의 아침 큐티는 매일아침 말씀을 깊이 있게 들여다보게 하며 생각하게 하고 또한 깨닫게 하는 생수와 같고 만나와 같은 젖줄이다. 선교사역에 큰 힘이 된다.

주승규 선교사 | 일본 사와라 그리스도교회

답답하고 어두운 코로나 시대에 시원한 얼음 생수 생명수 넘치는 말씀! 코로나로 인한 팬더믹 속에서 공포에 떠는 모든 이에게 예수 그리스도를 통하여 생명의 빛과 소망과 확신을 공급해 주는 말씀입니다. 항상 말씀과 복음 전파의 열정이 가득하신 저자의 매일 큐티를 읽으며, 일본선교1 퍼센트 벽을 통과하는데 많은 힘이 되고 있습니다.

최동주 목사 | 석천제일교회

저자에게서 진리의 말씀을 원어 중심으로 해석하여 원리를 찾아 적용하시는 연구와 삶은 구도자적 모습을 볼 수 있었다. 매일 보내주시는 김 목사님의 성경석의를 토대로 설교 본분을 점검하여 오류를 찾아냈고 수정 보완하여 설교를 마무리하는 습관이 생겼다. 이렇게 책으로 발간될 수 있는 기회를 주신 것에 하나님께 진심으로 감사를 드린다.

황진호 선교사 | 한태글로벌문화센터 대표

몇 년 전부터 멀리 떨어져 있는 태국에까지 하루도 빠짐없이 매일 아침 카톡으로 김상수 목사님의 큐티를 보내주고 계신다. 목사님의 수고와 헌신으로 하나님의 말씀을 더 깊이 있게 묵상하고 기도하므로 하나님께 더 성숙한 자리로 나아가게 됨을 고백한다. 아울러 아침에 묵상하고 기도한 내용들은 저희 현지 사역자들과 성도들에게 자연스럽게 흘러가게 되어 진심으로 감사드린다. 이 카톡 큐티가 저뿐 아니라 더 많은 선교지와 선교사들에게 축복의 통로로 사용되어지기를 간절히 기원한다.